中公文庫

摂　受　心　院

その人の心に生きる

「摂受心院」刊行会 編

中央公論新社

目次

はじめに　11

摂受心院、その生涯と歩み　城戸朱理　19

I　結婚まで

1　生い立ち　21
2　離別　26
3　生き別れ　31
4　不幸　36
5　旅立ち　46

Ⅱ　新天地

1　結婚　53
2　サラリーマンの妻　62
3　家伝の易学　70
4　宗教的遍歴　78

Ⅲ　苦難

1　不動明王　85
2　入我我入観　91
3　寒修行　97
4　霊能　103
5　霊能の意味　110

Ⅳ　仏道
1　未知の生活へ　117
2　試練　127
3　滝行　135
4　菩提寺と信徒寺　145
5　真澄寺落慶　152
6　京都、醍醐寺　165

Ⅴ　真如
1　利他の実践　179
2　白いかっぽう着　192

3　接心　202
4　真如　213
5　法難　225

Ⅵ　再生

1　法嗣の死　235
2　常楽我浄　243
3　法界力　258
4　お勝手説法　273

Ⅶ　時は今

1　仏飯　281

2 位階荘厳 289
3 仏舎利奉戴 298
4 遷化 306
5 時は今 314
参考文献 322
見えない心を観る 仲田順和 323
霊性と教団――その継承の意義をめぐって 奥山倫明 351
母――摂受の慈愛―― 真如苑苑主 伊藤真聰 367

光が寄り集うように――文庫版あとがきにかえて　城戸朱理　389
伊藤友司（摂受心院）略年譜　404

本文DTP／今井明子

摂受心院　その人の心に生きる

本書では、仏教史上の人名や仏教用語の表記は、『岩波仏教辞典』（岩波書店）に準拠した。また、引用はそのつど、書名を明記したが、摂受心院、伊藤友司の文章や発言は、教団の定期刊行物とその著作によっている。さらに、伊藤真乗が公表することを意図せず、自分自身のために書きつけていた覚書（おぼえがき）の原本が、真如苑から刊行会に提供され、閲覧を許されたため、この一次資料も参考とした。この覚書を本文中に引用する場合は、いずれも『手記』という呼び名で統一したが、これは、あくまでも私的な記録であり、発表を目的として書かれたものではないことを、お断りしておく。

はじめに

伊藤友司。法号、摂受心院（一九一二〜一九六七）。

彼女は、ひとりの仏教者として、また、ひとりの女性として、忘れがたい足跡を残したひとでした。とはいっても、友司は剃髪して尼僧になったわけではありません。市井に暮らし、多くの人々を導きながら、仏の道を歩んだのです。そして、彼女は、真言宗醍醐派総本山、京都の醍醐寺から、その生前に、権大僧正、没後、大僧正位が追贈されました。日本仏教は十三宗五十六派といわれ、宗派によって僧階は微妙な違いがあるものの、八級から十五級に分かれています。真言宗の場合は、権律師から始まって大僧正に至る十五級の僧階になっており、友司は、出家をせず在家のまま、しかも女性の身でありながら宗門における最高位を極めたわけで、これは千年を超える歴史を持つ古刹、醍醐寺においても初めてのことでした。醍醐寺のみならず、日本の仏教史においても、きわめて特異な例といえるでしょう。

では、なぜ、友司はそのような道を歩むことになったのでしょうか。

彼女は、宗教心には篤かったものの、寺院に生まれたわけではなく、自ら進んで宗門をくぐったわけでもありません。友司が、ひとりの仏教者として歩むことになったのは、夫、伊藤真乗（一九〇六～一九八九）との出会いがきっかけでした。

真乗は、当時、時代の花形であったエンジニアとしてサラリーマン生活を送っているときに友司を妻として迎えました。真乗、二十六歳、友司、十九歳のことです。そして、この結婚が、結果としては、ふたりの仏教者を、そして、弘法大師・空海が開いた真言宗の流れを汲む一宗を興すことになったのです。

それは、たやすいことではありませんでした。真乗は、二十九歳のとき、エンジニア職を辞め、醍醐寺で得度し、仏道を歩むことを決意します。それは、まだ若い二人にとって、未知の生活の始まりでした。それまでの豊かな暮らしを捨てての宗教家としての毎日、そして、幼い長男の死。しかし、真乗は貧しさをものともせず、厳しい修行に打ち込み、三十六歳のときに、醍醐寺第九十六世座主、佐伯恵眼師から真言密教の法流を相承し、阿闍梨となります。密教においては、師から弟子へと、一対一で、その奥義が伝えられていきます。この儀式を「伝法灌頂」と呼びますが、灌頂を受けて阿闍梨になったということは、真言密教の奥義を修め、師として仏弟子を教え導く資格を得たことになると言ってもいいでしょう。

　真乗は醍醐寺の末寺として立川不動尊教会を設立し、友司は幼い子供たちの面倒を見ながら、信徒の世話もし、また真乗と共に修行しながら、その活動を支えることになります。世間では、僧侶の妻を「大黒」と呼びますが、これは、七福神の大黒天が恵比須様とともに、厨房神として厨（台所）に祀られたことから、台所を預かる僧侶の妻もそう呼ばれるようになったもので、その忙しさは普通の家庭とは比べようもありません。けれども、友司は、たんに「大黒」であることを超えて、真乗の修行と活動に大きな役割を果たしました。その卓越した宗教的能力でもって、真乗に仏教修行の方向性を与えたのは、他ならぬ友司でした。あるいは、友司という伴侶を得ることによって、真乗の仏教者としての道が定まったのだと言うべきかもしれません。

　一九四五（昭和二十）年に太平洋戦争が終わると、宗教教団制度も改定されましたが、真乗は真言宗醍醐派から独立し、立川不動尊教会を真澄寺と改称するとともに、まこと教団、のちの真如苑を開創することになります。一九四八年のことでした。真乗が空海以来の真言宗という伝燈仏教を離れ、出家修行者のための寺院ではなく、世間で普通の暮らしを営みながら、仏道を志す在家の人々のための教団をあえて創設したのは、新しい時代に見合った仏教のあり方を模索してのことだったのでしょう。ただし、真言宗から離れたと言っても、真澄寺は不動明王を本尊とする真言密教的な寺院としての性格をいきなり変えたわけではありませんでした。真乗は立川不動尊教会の時代には「先生」、教団を設立してからは「管長」と呼ばれていましたが、友司は、公私にわたって真乗と教団を支えていたものの、決して前に出ることはなく、信徒からは「奥様」と呼ばれていたのですから、彼女が教団において、どれだけ大切な役割を果たしていたのかは、信徒にも見えづらいものであったのかもしれません。

それが大きく変わらざるをえなくなったのは、教団設立から二年後の一九五〇（昭和二十五）年のことでした。真乗は元弟子の誣告によって突然、逮捕、起訴され、教団は危機に晒されました。しかも、この法難のなか、真乗と友司は、教団の後継者、すなわち法嗣と目されていた次男まで病で失うことになるのです。そして、管長である真乗が勾留され不在という危機的状況のなか、教団をひとりで支えたのが友司でした。彼女がいなければ、その後の教団の発展はなかったことでしょう。まこと教団は名称を真如苑と改め、友司を苑主として再出発することになります。そして、このときから、友司は、教主である真乗と並んで人前に出て、表舞台に立つことになったのでした。

さらに、この変化は、たんに教団名の改称に留まるものではなかったのです。真乗は、法難と法嗣の死を乗り超え、『大般涅槃経』を所依の経典とすることによって、まったく新しい教学を打ち立てることになります。ここに至って、真如苑は新たな密教の法流となったと言ってもよいでしょう。

釈尊は、三十五歳で悟りを開いて成道し、八十歳で入滅するまで、その教えをさまざまなかたちで説き続けました。そして、後代には、釈尊の教えが経典として編まれていくわけですが、『大般涅槃経』は、釈尊が入滅前に説いた遺教とされ、釈尊の入滅までの最後の旅の様子と入滅前後の事跡を語る初期仏教の『大般涅槃経』と、釈尊入滅と涅槃の意味を思想的に深めた大乗仏教時代の『大般涅槃経』が存在します。そして、真乗が所依の経典としたのは大乗『大般涅槃経』でした。真言密教を修め、大阿闍梨となった真乗が『涅槃経』にたどりついたことは、仏教思想史のなかにおいても、大きな意味を持っています。密教とは、秘密仏教の略称で、その教えの根本を言葉では語り尽くせないという仏教の特質を強調するものであり、釈尊の入滅から千年以上を経た六世紀末から七世紀にかけてインドで成立したとされています。日本においては、平安時代初期、空海から始まる真言宗と最澄が開いた天台宗が、密教の法流を受け継ぎました。密教において本尊となるのは『大日経』『金剛頂経』の教主となる大日如来ですが、重要なのは、大日如来がほかの諸仏諸尊とは違って、宇宙の真理である「ダルマ」(法、仏法)自体を神格化した抽象神であることでしょう。

サンスクリットの「ダルマ」は、元々は「保つもの」「支持するもの」といった意味を持ち、宇宙やこの世界を、宇宙たらしめ、世界たらしめている真理を言う言葉であって、「法」あるいは「仏法」と訳されます。この「法」「仏法」は、釈尊が説いたものですが、ダルマという真理を人格化したのが大日如来であり、法身仏とも呼ばれています。この密教的な世界観のなかでは、当然のことながら、釈尊の存在は中心的なものではなくなっていきます。真言密教を修めた真乗が、釈尊の遺教である『涅槃経』を根本の経典に据えたということは、法身仏であり、真理そのものである大日如来のみならず、入滅後にも生きて働く釈尊に回帰することで、自らの仏教思想を作り上げていったことを意味しているのではないでしょうか。けれども、信仰というものは、教理や教学だけではなく、実践を伴わなければ成り立ちません。それを体現したのが摂受心院、伊藤友司でした。

宗教には教義という理論と実際の修行という実践のふたつの面がありますが、真言宗では、これを教相（きょうそう）と事相（じそう）と呼びます。しかし、両者は決して別のものではなく、実践は理論とともにあり、理論は実践のなかにしかないと考えられており、教相と事相は「不二（ふじ）」、すなわち一体のものとされてきました。真乗は、信徒から教相についての質問を受けると、決まったように「摂受心院を見れば分かる」と答えたという証言が残されていますが、伊藤友司とは、教えと実践が「不二」のものであることを、身をもって示した存在であり、仏の心をひたすらに歩んだ人だったと言うことができるでしょう。

本書は、女性であることをいつも忘れず、妻として、母として、さらには、ひとりの仏教者として、真摯（しんし）に生涯を生き抜いた伊藤友司の生誕百年を記念して企画されたものです。

編者は、奥山倫明（おくやまみちあき）（南山大学教授）、仲田順和（なかだじゅんな）（総本山醍醐寺第百三世座主）、城（き）

戸朱理（詩人）、そして、長塚充男（真如苑教務長）の四人からなる「摂受心院」刊行会が担当しましたが、長塚充男以外の三人は教団部外者です。これは、本書が、摂受心院を教団内からの視線だけではなく、客観的に捉えようとしたためですが、刊行委員のうち、生前の摂受心院の姿を知る仲田順和師による回想を収録するとともに、奥山倫明が「霊性と教団――その継承の意義をめぐって」を、さらに刊行委員の監修のもと、城戸朱理が「摂受心院、その生涯と歩み」を担当しました。また、長塚充男は、本書の全体にわたって、教団の事実関係の確認に当たりました。

本書によって、摂受心院というひとりの女性と、女性が仏道を歩む意味に、読者が思いを馳せて下さるとしたら、「摂受心院」刊行会としては、これに勝る喜びはありません。

「摂受心院」刊行会

摂受心院、その生涯と歩み

詩人　城戸朱理

I　結婚まで

1　生い立ち

炎暑の国、インドでは、涼しい水辺は憩いの場所であり、水面に咲く蓮華は、苦しみに満ちた現実の世界の対極にある理想の世界のシンボルとして、古くから親しまれてきたのだという。

大乗経典のなかでも重要とされる『法華経』は『妙法蓮華経』の略称だが、そのサンスクリットの原題は『サッダルマ・プンダリーカ・スートラ』で、「サッダルマ」は仏の正しい教えである「正法」を、「プンダリーカ」は「白蓮華」を、「スートラ」は「経」を意味している。つまり、仏の教えを清らかな白い蓮華にたとえたわけだが、『華厳経』においても、蓮華の花のかたちから想像された広大無辺な「蓮華蔵

山々に囲まれた郷里、山梨の風景

世界」が語られており、仏像の台座にも蓮華座が用いられる。いわば、蓮華は、仏とその清浄な世界を象徴するものとなっていったわけである。

日本にも、仏の座として語り伝えられてきた山がある。「八葉の峰」と呼ばれる甲斐、八ヶ岳だ。

八ヶ岳は山梨と長野の境に位置する大火山群の総称で、八ヶ岳と名づけられた山は存在しない。山々が連なる様子から「八百万」と同じように、「たくさん」という意味で、「八ヶ岳」と呼ばれるようになったという説もあるが、標高二八九九メートル、最高峰の赤岳を始めとして阿弥陀岳、硫黄岳といった海抜三千メートル近い山々がおり重なるように連なる山容は、まさに深山幽谷、霊気をたたえているかのようで、仏の蓮華座と言われるのも、うなずけるものがある。

一九一二（明治四五）年、五月九日。八ヶ岳南麓の山梨県北巨摩郡安都玉村東井出（現・北杜市高根町）の内田家にひとりの女の子が生まれた。父は内田義平、母はもとよ。父親似で、肌のきめが細かいその子は友司と名づけられた。その地方では、子供が生まれると、健やかに育つようにという願いを込めて、産飯を炊き、親戚や近所に配る風習があったというから、友司が生まれたときも、内田家では産飯を炊いて近所に配ったことだろう。

内田家は中二階の蔵作り、下に二間、上に二間という間取りで、吉野屋という屋号の雑貨屋を営んでいた。村には、日用品や駄菓子を扱う店は三軒あったが、酒と煙草を扱っていたのは吉野屋だけで、わずかながら田畑もあった。内田家の耕作地は、畑が二反四畝、田も二反四畝ほど。田畑ともに七百坪ほどということになるが、そこで大根や小豆、大豆などを作り、稲を収穫していたという。現代人は、農家でないかぎり、一反、二反と言われてもぴんとこないのが普通だろうが、一反の水田から穫れる米の量が一石で、一石は一人の人間が一年間で食べる米の量を基準にして定められた単位である。単純に考えると、内田家の水田は、二人の人間が年間に食べる米をまかなえることになるが、一反＝一石というのは、十六世紀の桃山時代に豊臣秀吉(とよとみひでよし)による太閤検地によって定められたもので、明治以降は、技術改良によって収穫高も増えており、今日では、一反から八〜十俵の米が穫れるとされている。一俵は六〇キロなので、一反から穫れる米は四八〇〜六〇〇キロ。かりに八俵分、四八〇キロだとすると、玄米で約四二〇キロ、精米して白米になると約三八〇キロになる。今日の日本人一人当たりの年間米消費量は、食生活が多様化したせいもあって、約六〇キログラムになっており、一反から穫れる米は、およそ五〜六人が一年間に食べる量に相当することになる。

もちろん、友司が幼少期を過ごした大正時代には、事情も違うだろうが、一部の都市部をのぞけば、まだ日本全体が豊かとはいえない時代である。家族を養えるほどの田畑を持ち、雑貨屋を営んでいたのだから、一家が暮らしていくのに困ることはなかっただろう。

内田家には、友司が一歳のときに撮られた家族の写真が残されている。当時、カメラはきわめて高価で一般的なものではなく、その写真も写真館で撮られたものだが、安都玉村には写真館がなかったので、これは韮崎あたりの町に、わざわざ出かけて撮影してもらったものなのだろう。大正のころの農村部で、写真が残っているのは、どちらかと言えば珍しいことだし、内田家には、そうした余裕があったことがうかがえると思う。

当時の内田家は五人家族だった。祖母のきん、義平ともとよの若夫婦、六歳になる長男豊雄、そして、友司である。豊雄は先妻、その江の子供だが、その江は豊雄を産んだあと、産後の肥立ちが悪く、二十六歳という若さで亡くなったため、義平は、その江の姪にあたるもとよと再婚し、友司が生まれた。そして、その二年後の夏に、妹の正司が生まれる。友司を産んだとき、母のもとよは、まだ十八歳という初々しい新妻だった。後に友司は、幼少期のことを、次のように回想している。

友司、1歳の家族写真

家族は、祖母と両親と兄と私の五人で、長女として生まれた私は皆に可愛がられて育ちました。そして二年目に妹が生まれ、家の中はさらに賑やかになり、楽しい家庭だったのです。

（『藤の花房』第一集）

祖母から孫までが同居し、男の子が一人、女の子が二人の六人家族。戦前の賑やかな家庭の様子が目に浮かぶようだが、その幸せは長くは続かなかった。父、義平が三十二歳という若さで急逝したのである。一九一五（大正四）年、十二月二十三日のこと。友司は、まだ三歳だった。

2　離別

父、義平は腹痛を訴え、安都玉村唯一の医者だった坂本医院で診察、治療を受けたが、わずかに床に臥しただけで息を引き取った。盲腸から腹膜炎を併発したためらしい。大黒柱を失って、一家が悲嘆に暮れたのは想像に難（かた）くない。義平が亡くなったのが十二月二十三日。葬儀は翌日、執り行われた。当時、八ヶ岳南麓のこの地方は、土葬が一般的で、後年の記録写真を見ると、台車に遺体を乗せる輿が組み込まれ、輿の屋根からは、四方に白布が垂らされていて、白布には「一切有為法、如夢幻泡影」といった経文が墨書されている。まだ幼い正司は、何が起こったのか分からなかったかもしれないが、きんは息子を、もとよは夫を、友司は父を見送ることになったわけであり、その胸中には師走の寒風が吹き抜けたことだろう。友司は後に「一家は急に暗闇のどん底につき落されて、どうしてよいかわからなくなってしまいました」（『藤の花房』第一集）と述懐しているが、悲しみのなか、正月を迎えることになる。

戦前の税制は間接税が中心で、所得税を払わなければならないのは、ごく一部の高額所得者だけだった。ちなみに、一九三六（昭和十一）年の所得税納税世帯は五パーセント。税金が安いかわりに、失業保険や公的年金もないというのが戦前の日本の実態であり、それだけに世帯主の失業や死は、家庭の破綻につながりかねない。いわば、現在のアメリカに近い低負担低福祉国家だったわけで、内田家の場合は、吉野屋を営んでいたことが救いとなった。しかし、楽しく賑やかな家庭が、父の死によって一変したわけであり、内田家の暮らしも大きく変わらざるをえなかった。

吉野屋で売る品物にしても、今とは違って、問屋が車で運んで納品してくれるわけではない。もとよが一俵樽を背負って仕入れに行かなければならなかったし、店番も必要ならば、畑仕事もしなければならない。しかし、悲しい別れは、父で終わったわけではなかったのである。

母、もとよが義平に嫁いだのは、十七歳のとき。翌年、友司が生まれ、その翌々年に正司が生まれたわけだが、二十二歳という若さで夫に先立たれ、未亡人になった。もとよの実家の小尾家は、内田家がある東井出から歩いて一時間半から二時間ほどの五町田にあったのだが、もとよの親としてみれば、まだ若い娘が、子育てに追われながら寡婦として一生を終えるのは忍びないと思ったのだろう。もとよは、実家に呼び戻され、内田家を去る。それは、義平の死から三年後、一九一九（大正八）年、一月のことだった。

そのとき、友司は六歳、正司は四歳。父の死に続く、母との別れ、それは幼い二人にとって、あまりにも悲しい出来事だった。のちに友司は、当時のことを次のように回想している。

まだ二十代の若さであった母は、実家からの迎えもあって、止むに止まれなかったのでしょう。六歳の私と、四歳の妹を残して一人里へ帰ってしまいました。
私は妹と二人でどんなに泣いたかわかりません。その時から年老いた祖母を助けて、幼いながら炊事、洗濯など家事一切を手伝い、妹には母代りになっていかねばならなかったのです。四月がきて、私は小学校へ入学することになりました。私の田舎では入学する時に必ず雨傘を一本持ってゆくことになっていまして、それは下校の時もし雨が降ったら、田舎は学校まで遠いですから、それをさして帰るように、予備としておくものなのです――が、その傘を持って一人入学式に臨む時、小さな手には、しびれるように重い番傘の重みに、両親がいたらなあ……と、しみじみ思って泣きながら学校への道をあるきました。そして、父が亡くなったことは納得できますが、何故、母が、私達をおいて去ってしまったのか――と、怨みにさえ思われたのです。

（『藤の花房』第一集）

父は死別だから仕方がないが、母は、なぜ私たちを置いて去ったのか。それは、友司のなかで消えることのない疑問となり、心に深い傷を残すものとなったのだろう。

幼少の頃の友司（2列目中央）

妹と泣き暮らしたという記述は、さり気ないだけに、少女だった友司の深い悲しみを感じさせるように思う。

一方、もとよにしても子供たちを残して実家に帰ることは、決して本意ではなかったようだ。東井出から五町田の実家に帰るとき、「三足歩いては二足帰って、どれくらい泣いたか分らない」と、もとよは後髪を引かれる思いを妹に語っており、もう少し読み書きができたら、子供たちに、どうして出ていかなければならなかったのか書き残してくることができたのにと悔やんでいたという。もとよは、内田家を去るときに、友司と正司の枕元に手作りのお手玉を残してきたというが、それは、彼女にとっても苦渋(くじゅう)の決断だったのだろう。

その年の四月、友司は長沢尋常(じんじょう)小学校に入学する。心躍るような新学期も、しかし、友司にとっては、悲しみを募らせるものでしかなかったようだ。しかし、友司は、ときに泣くことはあったとしても、気丈に生きていかなければならなかった。小学校に通うかたわらで、母、もとよのかわりに家事や家業を手伝わなければならなかったし、まだ甘えたい盛りの正司には母のかわりもつとめなければならなかったからである。

3　生き別れ

友司の家から長沢尋常小学校までは、約一・五キロ。子供の足で三十分以上かかったという。彼女は、毎日、一時間以上を学校との往復に費やさざるをえなかったわけだが、家に帰っても、ほかの子供たちのように遊んでいるわけにはいかなかった。炊事や洗濯などの家事、そして店の手伝いをしなければならず、それは、今よりもはるかに大変な手間を要するものだったのである。

現代のように、電気・ガス・水道といったライフラインが整備された時代ではない。水は井戸で汲まなければならないし、煮炊きするには、まず火を熾さなければならない時代である。

安都玉村は、全体に南に向かって傾斜しており、地味は肥え、八ヶ岳からの湧水が豊かに流れる土地であるため、高原とはいえ水田も多い。洗濯は川でしたが、秋冬は手を切るような冷たさだったことだろう。山梨といえば、郷土料理「ほうとう」が名高い。これは小麦粉を練って幅広に切り、茹でずに季節の野菜と煮込む味噌仕立ての煮込みうどんの一種だが、もともとは平安時代に中国から渡来したもので、甲州では嫁に行く前に、ほうとうの作り方だけは覚えなければならないと言われるほど親しまれている。小麦粉は前夜に練るものらしいが、友司も、夜遅くほうとうを仕込むことがあったかもしれない。

『聞き書 山梨の食事』（「日本の食生活全集19」農山漁村文化協会）によると、八ヶ岳南麓、安都玉村における大正から昭和初期にかけての主食は米だが、日常的には白米の御飯を炊いたわけではなく、えまし麦（大麦を一度煮て冷ましたもの）六と米四を炊いた麦飯が主食で、夜は、ほうとうというのが一般的な食事だったようだ。後年、友司から、ほうとうを御馳走(ごちそう)になった人は、口々にその美味しさを讃えているが、それは小学校時代に習得したものだったのだろうか。

また、内田家の畑では、大根や小豆、大豆などを作っていたが、安都玉村は古くから大根栽培に適した地として知られ、八ヶ岳おろしが吹くころには、寒風吹きすさぶ冬に備え、四斗樽に大根や地菜をどっさり漬け込むのが、その地方の習わしであったから、友司も凍える手で大根を洗ったりしていたことだろう。

田畑は、祖母きんと、兄の豊雄がもっぱら作っていたが、家業の吉野屋の店番もしなければならなかったし、月末には集金もしなければならなかった。そのころは、まだツケがきいたので、客ごとに代金を帳面につけておき、月末に戸別訪問して支払いをしてもらっていたのである。小学校に入学した年の七月に、友司は病で伏せっている。

入学後三ヶ月くらいたって、私は重いハシカにかかって一ヶ月以上も学校を休み、祖母と兄に面倒をみてもらいましたが、その時も、どれほど、母を恋うたかわかりません。

（『藤の花房』第一集）

いかに気丈にしていても、まだ少女の年齢である。友司が母を慕う気持ちが、どれだけ切々たるものであったか、それが「どれほど、母を恋うたかわかりません」という一文に滲み出ているではないか。

けれども、二年後には妹、正司も長沢尋常小学校に入学し、小学校までの子供の足には遠い道も二人で通えるようになって、友司の気持ちも少しは変わったようだ。本人の言葉で見てみよう。

二年経って妹も入学し、二人で学校へ通うようになって、少し気持ちが明るくなりましたが、その年の秋の運動会の時、お友達は家族の方たちがお弁当を持って見にきてくれて、何か語りながら楽しそうにお昼を食べているのに、私達姉妹は、私の持っていったお弁当を二人っきりで食べなければなりません。妹は〝家から誰か来てないの〟と淋しそうに云います。その姿をみて、小さな妹がかわいそうになってしまい、折角の、おいしく作ったのり巻もノドを通りませんでした。

（『藤の花房』第一集）

運動会といえば、小学生ならば前の晩から眠れなくなるほど楽しみなものだが、友達が母親の作ってくれたお弁当を持ってくるのに、友司は、自分と妹のために、まずお弁当から作らなければならなかった。食べ物は、ふだんからよく食べる「日常食」と、正月やお祭りなど特別な日のために用意する「晴れ食・行事食」に分けられるが、八ヶ岳山麓では、のり巻きは「晴れ食・行事食」の御馳走で、友司の実家に近い船形神社の村祭りでは、宵祭りに、赤飯を炊いて蕎麦を打ち、本日には、のり巻きを作り、餅を搗いたというが、こののり巻きとは、ごぼうやにんじん、油揚げや玉子焼きを入れた太巻きだったらしい（『聞き書　山梨の食事』）。おそらく、友司が作ったのも同じような太巻きだったのではないかと思うが、せっかくの御馳走も食べる気がしなくなったというのだから、折にふれて、友司と正司は親のいない淋しさに思いを馳せざるをえなかったのだろう。

そして、翌年の一月、正司は熱病にかかり、母の名を呼びながら息を引き取る。わずか、七歳だった。

4　不幸

友司は、妹の最期のときのことを次のように語っている。

次の年、妹は熱病にかかり、〝お母さん、お母さん〟とうわごとに母を呼びながら亡くなってしまいました。その枕辺に来た母は、妹の名を呼んで泣きくずれましたが、私は〝こんなになってから来たって仕方がないじゃないか、私達を、こんな不幸な目にあわせたのはお母さんだ。どんな事情があったにせよ、何故私達をおいて去ってしまったの〟と、母をせめたくなってしまうのでした。

（『藤の花房』第一集）

正司は父の顔もろくに知らず、母に見捨てられて、幼いままに逝ってしまった。友司のなかに母を責める気持ちが抑えがたかったのも当然だろうが、もとよにはもとよで、どうしようもない事情があった。実家に呼び戻されはしたものの、出戻りの娘を遊ばせておくほどの余裕があるような時代ではなかったのである。もとよは二十七歳のとき、諏訪の製糸工場に働きに出ていた。製糸業は、明治政府が殖産興業の柱として振興をはかったが、生糸は、日本にとって主要な輸出品であり、その輸出量は、明治も終わりのころには、イタリアや中国を凌ぐほどであった。一方、製糸工場では寄宿制と低賃金、劣悪な労働環境で女工たちが働いており、その様子は一九二五（大正十四）年に刊行された細井和喜蔵のルポルタージュ『女工哀史』で広く知られることになったわけだが、休みは一年のうち、年末年始、旧盆と氏神祭のときだけ、一日の就業時間は十四時間半という厳しいものだったという。

正司危篤の知らせを受けても、もとよはすぐに駆けつけることができなかったのではないだろうか。冷たくなった正司の枕元で泣き崩れたのは、もとよの偽らざる本心だったろうが、友司が母を理解し、すべてを受け容れるには、まだ長い時間が必要だった。そして、そのこともまた、仏教者として歩むことになる友司に課せられた試練だったのかもしれない。

不思議なことに、内田家と友司にとって、運命的で悲しい出来事は、十二月から一月にかけて起こっている。義平の死が十二月、もとよが実家に戻ったのが一月なら、正司が亡くなったのも一月。友司が三歳から九歳までの間に、両親、そして妹と肉親との別れが続いたわけであり、それは少女にとって、あまりに苛酷な運命だった。友司は、そのころ「母のいないみじめな思い」を幾度となく味わったこと、そして、「私くらい不幸な者はない」とまで思いつめたことを、後に述懐している。

私は家族に縁がないと申しましょうか、三才のときに父を亡くし、六才のときには母とも生き別れ、祖母のもとに兄、幼い妹と生活しておりましたが、その妹もまもなく病で亡くなりました。従って、母のいないみじめな思いを度々味わってまいりました。

また、祖母と兄と三人の生活であったため、幼い頃から家の中の雑事に追われて、遊ぶ暇などなく、殊に祖母が病床についてからはただただ看護に務めました。冬、川へいっての洗い物は容易ではなく、冷たさに、土手の陽だまりに手をあてて暖めたこともありました。

そうしたとき、祖母の友人が、「親だと思って孝行しなさい。きっとよいことがある」と励ましてくれましたが、私は淋しさに、私くらい不幸な者はないと、いつも考えておりました。

（『藤の花房』第二集）

八ヶ岳南麓はからっ風が吹き、冬の寒さも厳しい。しかも、洗い物をする川は、八ヶ岳山系からの清冽な湧水である。手を入れることさえためらわれるような冷水で野菜や食器を洗い、洗濯もしなければならないのだから、その辛さは並大抵のことではないだろう。友司が洗濯に行っていたのは、実家近くの流れのきれいな川だったらしい。冷えきった友司の手は、土手の陽だまりにあてることで、わずかでも暖まったのだろうか。それは、たしかに、あまりに悲しい少女時代だった。

正司の死によって、内田家では、祖母と兄、そして、友司という三人暮らしが始まることになる。

家事に追われる生活のなかで、しかし、友司は、勉強もおろそかにすることはなかった。長沢尋常小学校は、一年生と二年生が一緒に学ぶ複式で、教師は全校で三人しかおらず、友司の同級生は、男児が十六人、女児が七人の二十三人だったが、級友が語るところによると、友司は成績も抜群で、一年生のときから、ずっと級長をつとめていたという。また、歌が上手で、他校との合唱音楽祭には、学校代表で出場するほどだったというが、これは生得の才能だったのだろう。友司は、妹の母がわりをつとめなければならなかったが、正司に、よく子守唄を歌ってあげていたらしい。

地元の素封家で、友司の級友だった出羽登氏が当時のことを語っているのだが、東井出から長沢尋常小学校までは一・五キロの登り道で、子供たちは、夏場だけ草履で、それ以外の季節は下駄を履いて通ったという。まだ、ランドセルなど、ない時代である。子供たちは教科書とお弁当を入れた風呂敷を背負って通学したが、道は悪路で、冬には霜柱が立つ。零下十度近くまで冷え込むこともあったが、教室にも四角い火鉢がひとつあるだけだったというのだから、昔の子供たちは我慢強かったと言うしかない。子供たちは火鉢でお弁当を温めたが、男の子がわれ先にと占領してしまうため、女の子は温めることができなかったらしい。

出羽氏が、当時の友司のエピソードを伝えているので紹介しておこう。

学校の行き帰り、遠い山道ですから下駄の鼻緒が切れることなど、たびたびあります。中には、それで泣き出す子もいるわけです。すると、友司さんが、どこからともなく走って来られ、まるでその子の母親のように、黙ってすげかえてあげたりしていました。　また、同級生に、父親が村の有力者で、大変わがままな子がおりまして、自分が悪いからみんなからたしなめられるのに、いじめられたと言っては、学校の裏にあるおじさんの家へ泣いて訴えるものですから、そのおじさんが大変な剣幕で怒鳴ってくるのです。ところが友司さんは一人残って、そのおじさんに、その子のわがままなところ、まちがっているところを堂々とお話しして納得させるのです。まだ二年生か三年生の、わずか七、八歳の時でした。

（『苑史回想』）

友司が下駄の鼻緒をすげかえてあげたという話で、興味深いのは「どこからともなく走って来られ」という一節かもしれない。観音様として親しまれている観世音菩薩（かんぜおんぼさつ）の「観世音」とは、世間の衆生（しゅじょう）の救いを求める音声（おんじょう）を観じると、すぐに救済するという意味だが、泣き声を聞くと「どこからともなく走って」くるという幼い友司の姿は、小さな観音様のようで微笑ましい。また、大人に対しても正々堂々と物事の是非を語り、納得させてしまうというエピソードは、友司の理非曲直（りひきょくちょく）をはっきりとさせ、それを曲げることのない精神的な骨格を物語るものであるように思われる。また、そうした子供だったからこそ、友司は一年生のときから級長をまかせられたのだろう。

一方、出羽氏は、友司の暮らしぶりを「お家は商売だけではなく、畑があって軽い農業も営んでおりました。それで、よく草取りなどもしておりましたし、また洗濯機やガス炊飯器のない時代ですから、川へ大きな洗濯物を抱えて行くのを見たり、朝夕のお炊事も日課だったとお聞きして、子供心に大変だと思いました」とも語っている。

当時の小学校は、一八八六（明治十九）年の小学校令で定められたもので、義務教育である尋常小学校の修業年数は当初は四年間で、一九〇八（明治四十一）年から六年間になった。授業内容は、一・二年生が、修身・国語・算術・唱歌・体操で、三年以上は、図画・理科・国史・地理、そして女子のみ裁縫が加わった。小学校は尋常小学校の上に高等小学校があったが、こちらは義務教育ではなく、授業料も徴収されたが、高等小学校に進学するのは、よほど成績が優秀か、家が裕福な者に限られ、庶民は尋常小学校を卒業すると働きに出るのが普通だった。ちなみに一九三六（昭和十一）年の統計によると、尋常小学校の卒業者のうち高等小学校への進学者は約六〇パーセント。二〇一一年度の日本の大学・短大進学率は、五九・一パーセントだから、現在の大学・短大進学率とさして変わらない。戦前は、旧制中学を卒業したらエリー

安都高等小学校の卒業写真（最前列左から6人目が友司）

トで、旧制中学の数は、現在の大学よりも少なかったのである。友司の在籍した大正時代には、高等小学校への進学者は、もっと少なかったことは間違いない。

しかし、友司は、長沢尋常小学校を卒業後、クラスの女子でただひとり、安都（あっ）高等小学校に進学することになった。これは、友司の成績が優秀だったため、教師が進学を勧めたのかもしれないが、家の事情が許さなければ無理な話である。その進学は、兄、豊雄の意思で実現したもので、友司は、後に、兄が行けと言ってくれたので、自分は高等科に進むことができたことを語っている。六歳年長の豊雄も、成績優秀で、残されている通信簿は全科目、最上の甲上。

今日の五段階評価なら、オール五、十段階評価ならオール十という優秀なものだった。

豊雄は、向学心が旺盛で、いろいろなことをよく知っており、小学校入学前から友司に文字などを教えていたが、一生懸命勉強して学問を身につけておいたほうがいいと友司に教えたという。友司が、決して恵まれたとは言えぬ境遇のなかでも、学ぶことに熱心だったのは、兄の影響が大きかったのかもしれない。豊雄は友司に優しく、朝、髪を結ってくれることもあったという。両親がいない友司にとって、この異母兄は、心の支えとなる存在だったのではないだろうか。

また、内田家の近所には、父、義平の姉、友司にとっては伯母に当たる油井玉恵(ゆいたまえ)が住んでおり、あれこれ世話を焼いてくれたが、この伯母は、後に友司の運命に大きな役割を果たすことになる。そのことは、次章以降で語ることにしよう。

友司が高等小学校に入学した一九二五(大正十四)年のこと、内田家にひとりの青年が訪ねてきた。それは、内田きんの姉の孫に当たる伊藤文明(ふみあき)で、伊藤家は山梨県北巨摩郡秋田村(現・北杜市長坂町)にある旧家だった。文明は上京して苦学していたが、帰省したおりに、当時は高価で珍しかったカメラを持って安都玉村の内田家を訪れたのに、このとき友司は学校に行っており不在だった。後に、友司は、そのときのことを「面白い話」として、次のように語っている。

当時はまだ珍しかった写真を撮ってくれるとのこと。祖母は自分よりも孫の私を写してもらいたくて「友司が学校から帰るまで待ってほしい……」と頼んだそうですが、「陽が翳るからダメだ」といって祖母だけを写して帰ったと、とても残念そうに語りました。

その時、小学生だった私に、どんな将来が待っているか考えてもみませんでしたけれど、現在、たった一枚残っている祖母・宝珠院の写真は、その時のものなのです。

（『一如の道』）

友司と伊藤文明の祖母は姉妹で「またいとこ」の関係になるが、それまで会ったことはなかったし、このときもすれ違ったことになる。そして、この伊藤文明こそが、後に友司の夫となる伊藤真乗その人なのだが、友司はまだ、知るよしもなかった。

5　旅立ち

一九二七（昭和二）年に安都高等小学校を卒業し、家業の吉野屋を切り盛りしながら、炊事、洗濯といった家事のいっさいを担っていた友司に、大きな転機が訪れる。

それは、祖母きんの死と兄豊雄の結婚だった。

江戸時代も終わりに近い一八五八（安政五）年、奇しくも友司と同じ五月九日生まれの内田きんが亡くなったのは一九三〇（昭和五）年、九月一日のこと。行年七十二歳。法号、宝珠院悟法善道大姉。きんは友司の育ての親であり、大きな影響を与えた。

友司は後に、次のように回想している。

私が小学生のころのことでした。祖母と畑の草取りに行きますと、火縄に火をつけて一本私にくれます。それは、ブヨや蚊を防ぐためのものです。祖母は草を取りながら「へんぼそ（ハンゲという雑草）を取っていくことが畑を肥やしていくことになる……」と教えてくれました。今でもブヨや蚊に攻められる辛さは忘れられません。秋の収穫を得るためには、こうして夏の炎天下に雑草を除いて畑を肥やし、ブヨや蚊の障害を乗り越えなければならないのです。（中略）私に火縄をくれた宝珠院のことが秋ともなって収穫期に入りますと、しみじみ思い出されるのであります……

（『一如の道』）

混乱を避けるために、ここまで触れずにきたが、内田きん、宝珠院は『法華経』に帰依し、除霊などを行っていたシャーマン的な女性で、明治初年には、日朗上人直筆と伝えられる曼荼羅を持ち、横浜で布教していたという。日朗は鎌倉時代の人で、幼少のころから日蓮上人に侍り、日蓮上人亡きあとは、鎌倉の妙本寺にあって信徒の統率と教団の維持に力を尽くした日蓮の高弟、六老僧のひとりである。したがって、ここで言う曼荼羅とは、「南無妙法蓮華経」と題目を墨書した「髭題目」のことになる。

また、八ヶ岳南麓の家では、どこの家でも守り神を屋敷神として祀る習慣があったが、内田家の屋敷神は稲荷明神で、家の裏手に三層の石積みの小さな祠があった。稲荷は、本来は日本固有の農業神であったが、時代が下るにつれて、工業・商業の守護神としての性格が付与されていき、全国に広まった。全国での稲荷社は三万を超え、稲荷を祀らぬ地方はないと言えるほどだが、京都の伏見稲荷大社を筆頭に、佐賀県の祐徳稲荷神社、茨城県の笠間稲荷神社を俗に三大稲荷と称したりもする。内田家の稲荷は、きんが勧請したものだったのではないだろうか。さらに言うならば、近所の人たちは、この稲荷明神を内田家の屋敷神と思っていたようだが、『法華経』に帰依していた内田きんにとっては、屋敷神である以上に護法善神としての意味が強かったのではないかと思われる。

　護法善神とは、仏教を守護する神々のことで、インドでは梵天や帝釈天など、バラモン教の神々が仏教に取り入れられたが、日本では、真言宗と稲荷神の結びつきが知られている。真言宗の開祖、弘法大師・空海は、京都での活動の拠点となる東寺建立の際に、門前で稲を荷なった老翁と出会ったが、それが稲荷神で、東寺の鎮守として勧請したという伝説がそれである。内田きんの場合も、稲荷明神は信仰の対象ではあったが、むしろ、『法華経』の仏法を守護するとともに、現世に働く力として意識していたのではないだろうか。こうした、祖母きんの宗教的能力は、友司にも受け継がれていくことになるのだが、そのことは、章が改まってから語ることにしたい。

きんの死によって長い介護生活も終わり、その年の暮れに、兄、豊雄は嫁を迎えることになる。友司も身の振り方を考えなければならなかった。友司が安都高等小学校に入学した一九二五（大正十四）年の秋に、母もとよは、西ノ割の豪農、大芝寿之(おおしばとしゆき)と再婚していた。大芝は四十歳で再婚だったが、姑(しゅうと)との折り合いが悪く家を出ていった前妻との間に子供はなく、友司を養女にと望んだ。だが、友司は商家に育った自分には、母の嫁ぎ先の農業はできないという理由で、これに応えず、甲府に出て住み込みで和裁学校で和裁を学ぶ道を選ぶ。もとよは、再婚するときに、友司が自由に大芝家に出入りできるという「道あけ」を条件にしており、娘のことを気にしていたのだが、友司は、母を呼びながら息を引き取った妹の面影が去来し、いまだに母を許す気持ちにはなれなかったのかもしれない。妹、正司が亡くなったあと、小学校五年生の遠足のときのことを友司は後に回想している。

小学校の五年位の時だったでしょうか、明日は遠足というので、着るものから持つもの、履物まで入れて、大風呂敷につつんで、枕元において寝たので、兄に〝友司、履いていくものは忘れっこないだろう〟と笑われましたが、朝になって探すよりは全部やっておけば安心だと思って、そうしておいたのです。お弁当も、のり巻を前の晩つくって、まん中のいいところだけ包み、ハシの方は朝に食べていこうと用意しておきました。

朝になって、お友達が迎えにきてくれて、あわただしく家を出ました。何しろ暗いうちに家を出るのですから朝飯を食べるヒマもなかったのです。隣村にさしかかったころ、夜もしらじらあけて、急にお腹のすいているのを感じました。そして前夜つつんでおいたハシの方のお寿司を出して食べようと思いましたら、カバンに入っていないのです。そうだ朝早く起きて食べていこうと思って外へ出してしまったのだ……と、気がつきましたけれど、もう間にあいません。お昼の分を食べてしまえば、あとで困ってしまう……と、いろいろ考えながら、お腹はすくし、ああ、お母さんさえいてくれれば朝早く起きて御飯の仕度もしてくれたろう、忘れものをしないようにと、心をくばってもくれたろう、お母さんさえいてくれれば、こんな悲しい思いはしないのに……と、しんから辛いと思いました。

また、田舎の遠足は、めったにない楽しみなもので、お友達は新しいキモノをきて、髪もお母さんに結ってもらった、この手さげもお母さんがつくってくれた……と話しあっているのを側できいて、両親のないこと位、悲しいことはないと思いました。

（『藤の花房』第一集）

妹、正司が亡くなってからの話だけに、幼い友司の悲しみがストレートに語られているが、正司が生きているときは、友司も甘えたい盛りの年頃であるにもかかわらず、母親のかわりをつとめざるをえなかった。そして、母を慕い、淋しがる妹を見るにつれ、友司の淋しさは倍加したことだろう。死別した父とは違って、母は生きているにもかかわらず、自分たちとは一緒にいてくれない。それは、幼い友司と正司にとって心の傷となった。精神医学では、これを「トラウマ（心的外傷）」と呼ぶが、トラウマを抱えた者同士が一緒に生活していると、互いの外傷が伝染し、さらに悪化するケースがあることが報告されている（ジュディス・L・ハーマン『心的外傷と回復』）。おそらく、友司は正司の悲しみまで引き受けることになったのではないだろうか。

友司は、大芝家の養子になって母の元に行くことを選ばず、初めて一人きりになって甲府に出る。十八歳のときのことであった。

Ⅱ　新天地

1　結婚

　中央本線の八王子から甲府間が開通したのは、一九〇三（明治三十六）年のことで、それ以来、甲府の発展は目覚ましく、県都としての威容を整えつつあった。とりわけ、現在の銀座通りから桜町通りにかけては夜見世（よみせ）が立ち並び、甲府名物として知られていた。東京の銀座も、戦前は夜見世が有名だったが、おそらく、甲府の夜見世も衣類や雑貨、今川焼きやあべかわ餅などを売る賑やかなものだったことだろう。

　友司（ともじ）が、甲府の和裁学校に入ったのは、一九三一（昭和六）年のこと。故郷の安都（あっ）玉（たま）村とは違って、不夜城のような都会の賑わいだった。日本の主要な輸出品であった生糸の生産地である甲府には、和裁学校や仕立て屋も多く、のちの山梨県立第一商業

和裁学校に通っていた頃の友司（左から2人目）

高等学校も、その前身は玉声裁縫女学校であり、人気が高かったが、友司が和裁を習ったのがどこであったのかは分からない。ただし、山梨県和裁組合長によると、当時は、和裁学校に入るときは、一年分の月謝と寄宿料二百四円を前納しなければならなかったそうで、物価等から換算すると、当時の五円が、現在のほぼ一万円に相当するので、約四十万円ほどかかったらしい。この前納金は、友司の母もとよが嫁いだ大芝寿之が出したようで、寿之ともとよは、友司に大芝家を継いでもらいたいという気持ちが強かったことをうかがわせる。

和裁学校とは言っても、当時のそれは実に厳しいもので、食事の時間以外には、いっさい休憩もなく、朝の七時半から夜の十二時まで、裁縫し続けるというもので、習い始めてから二年間というものは、ひたすら袖ばかりを縫わされる。これは、袖に和裁の急所が詰め込まれているためで、袖さえ縫えるようになれば着物を仕立てる要点を習得できるからだったという。聡明で我慢強い友司のことだから、上達も早かったのではないだろうか。

そして、正月に里帰りした友司を思いがけない人が訪ねてくる。伊藤文明である。文明の母方の祖母は、友司の祖母、内田きんの姉に当たり、文明の母よしえと友司の伯母、油井玉恵は従姉妹同士、文明と友司は、またいとこの関係になり、遠い親戚ということになるが、二人が顔を合わせたのは、このときが初めてだった。文明は弟に誘われて、突然、東井出の内田家を訪ねることになったのだが、近くの川で洗濯を終えて帰ってきた友司と出会い、「こんにちは」と挨拶しただけで帰ってしまったという。そして、今度は、友司が玉恵伯母に連れられて、四キロほど離れた南新居の伊藤家を訪ねた。表向きは、お年賀だが、これは、よしえと玉恵が相談して進めたお見合いだった。

後に、文明は友司の第一印象を「キリッとした楚々とした娘さんで、どこか女優の栗島すみ子に似ていた」と語ったという。栗島すみ子は、日本舞踊の名取となってから、松竹蒲田撮影所に入り、一九二一（大正十）年、ヘンリー小谷監督の『虞美人草』で映画デビュー、小津安二郎や成瀬巳喜男ら、名監督の作品に次々と出演し、際立った美しさと日舞で磨かれた所作で一世を風靡した日本映画初期の大スターだが、文明は、友司のすずし気な目元に栗島すみ子の面影を見たのだろうか。いずれにしろ、好印象を抱いたことは間違いない。

伊藤文明は、一九〇六（明治三十九）年、山梨県北巨摩郡秋田村（現・北杜市長坂町）に生まれた。友司より六歳年長となる。伊藤家は旧家だが、文明は、英語を学びたいという志を抱いて、十七歳のときに上京、中央電信局（現・NTT）で働くかたわらで、正則英語学校（現・正則学園）普通科に入学、一九二五（大正十四）年、卒業とともに、神田の写真材料店、大盛堂に就職した。この年の七月には、東京放送局（現・NHK）がラジオの本放送を始め、日本中にラジオ・ブームが巻き起こったが、文明はアメリカのラジオ配線図を手に入れ、ラジオの組み立てに成功、これが大盛堂から売り出され、大ヒット商品になった。さらに、同年、ドイツで肖像写真を学んで帰国した有賀乕五郎から、当時は最先端だった写真技術を学んでいる。安都玉村を訪れ、内田きんの写真を撮ったのも、この年のことだが、当時、流行していたハンチングをかぶった文明の写真が残されており、進取の気性と向学心に富んだ青年だったことがうかがえる。

山梨県は、俗に「山があるのにやまなし県」と言われるが、東は秩父山地と丹沢山地、西は南アルプス、南は富士山、北は八ヶ岳と、四方を山に囲まれ、面積の八割が山地という典型的な山国である。この山に閉ざされたような地勢のため、逆に他国の文化を積極的に吸収しようとする意欲が旺盛で、厳寒や猛暑に耐える忍耐力の強さなどが、その県民性として挙げられるが（『聞き書　山梨の食事』）、文明もまた、そうした県民性を身に付けた青年だったことが分かるのではないだろうか。

航空写真を撮影していた頃の文明

一九二六（大正十五）年、文明は徴兵検査に合格、この年の十二月に大正天皇が崩御したため、昭和と改元され、翌一九二七（昭和二）年に、近衛飛行第五連隊（立川）第一中隊に配属された。天皇直属の近衛兵となったわけだが、これは人物、能力、親戚まで調査されたうえで、百二十名しか採用されない、当時としては、たいへんな名誉であり、文明は、写真科に編入され、航空写真の撮影などに携わった。二年間の兵役ののち、東京月島の石川島飛行機製作所（のちの立川飛行機株式会社）に、技術部員として入社。すぐに数十人の部下を持つ班長となり、航空写真の撮影装置や計器盤などのパーツの設計と製作に従事することになる。文明が友司と初めて会ったのは、時代の花形だった飛行機のエンジニア職に就いて三年目、二十五歳のときのことだった。

文明は、結婚について、どう考えていたのだろうか。月島の石川島飛行機製作所時代からの同僚で、月島では文明と一緒に間借りして、生活もともにしていた石塚直次郎氏の談話が残されている。朝は二人で縄のれんの飯屋に行って七銭の朝食、納豆を付けるとさらに五銭で、夜は十二銭。ときには、二人で銀座まで歩いて銀ブラすることもあったというが、下宿で同僚が集ったときなど、文明は英語で「ボルガの舟唄」を歌うことがあって、その歌声が忘れられないと石塚氏は回想している。さらに――

どこでも人気があって、伊藤文明さんにお熱で、結婚したがった娘さんは、一人や二人じゃなかったけれど、伊藤さんはいつも毅然としていました。友司さんと結婚する定めだったんでしょう、はじめから。

（中略）

若いころから、純粋で男気で一途な性分で、男だって惚れてしまうような方でした。会社の中でも、いろいろ相談をかけられてましたね。（『四樹』）

男に惚れられる男で、女の子にも人気があったが、本人は毅然と一線を画していたようだ。一方、文明自身は、母親から結婚を勧められたときに、次のように答えたことを述懐している。

母から「豊雄さんの妹を嫁に貰ったらどうだ」と言われましたが、「自分は女性を見る目がないからおふくろに一切まかせる。まかせたからには文句は言わないが、ただひとつ『苦労した人』という条件がある」と言ったのです。

それから間もなく、友司の伯母であり、私の母の従姉妹でもある玉恵さんが友司やら、みんなを連れて年賀に来たのです。そして、そのときに友司との話がまとまったのですが、私たち二人にとっては良いも悪いもありませんでした。

（『苑史回想』）

先の石塚直次郎氏の回想からも分かるように、文明は、東京でさまざまな女性を見ていたのだろうし、その結果として、伴侶にするならば、浮わついたところがなく、地に足が付いた女性をと考えたのではないだろうか。「苦労した人」という条件には、深い含意があるように思われる。そして、これまで見てきたように、友司はまさに苦労を重ねてきた人だった。一方、友司は「両親もいないことゆえ、早く結婚した方がいいと思って承知しました」（『藤の花房』第一集）と語っているが、身内が進めた見合い話とはいえ、二人が惹かれあった様子が、その後の展開から見えてくるように思う。

見合いのために里帰りした友司は、東井出の内田家から甲府の和裁学校に戻ったわけだが、家を出るときには、もう実家には戻らず、文明の元に行くことを決意していたらしい。友司は文明に「一日も早く迎えにきてくださいませんか」と手紙を書き送ったという。

文明は東京に戻ってから、友司に返事を書いているが、四月になって、約束通り、甲府に友司を迎えに行っている。友司は、文明の姿を見ると「いつ来てもいいように待っていました。ちょっと待っていてくださいね」と言うと、二階に上がって、すぐに仕度を整えて下りてきたという。二人は、そのままタクシーに乗って、塩山温泉に投宿した。当時の塩山温泉は数軒の宿が点在するだけの鄙びたところだったというが、旅館の女中さんに「結婚するんですか」と声をかけられ、「はい、そうです」と答えたところ、友司にきれいに化粧をしてくれたという。しかし、文明はきちんとけじめをつけるため、この日は二部屋を取って、友司と別々に休み、翌日、立川に向かった。

結婚した当時の友司

立川でささやかな披露宴をして、文明が友司を妻として迎えたのは、一九三二（昭和七）年、四月二十七日のこと。その日から、運命に導かれるように、友司の新しい生活が始まった。

2 サラリーマンの妻

文明が勤める石川島飛行機製作所は、一九三〇（昭和五）年に、月島から立川に移転していたため、文明も通勤しやすいように、吉祥寺、さらに一九三一（昭和六）年には、立川に転居していた。立川駅の南口、現在はマクドナルドになっているところに、南羊堂という文房具と主に雑誌を扱う本屋があり、その二階に貸室が二間あった。六畳一間に押入れが付き、廊下に二世帯で使う共同炊事場があるだけのささやかな住まいだったが、駅前だけに食堂なども何軒かあって、ひとり暮らしには何かと便利だったようだ。

それが、文明と友司が新婚生活を営む新居となった。友司は「私も親がないので嫁入道具とて何もなく、本当に箸一本から始まった新生活でした」（『藤の花房』第一集）と述懐しているが、二十六歳の文明と、あと十二日で二十歳を迎える友司という若い二人にとって、それは希望に満ちた新生活の始まりだったに違いない。友司は、甲府で暮らす間、和裁の手間賃を貯めたお金で、まもなく鏡台を買った。結婚してから初めて仕立てた着物は紫色の銘仙で、隣に間借りしていた小学校教師の女性に「これ私に似合うかしら」と尋ねたという。銘仙は、糸の段階で染色する先染めの絹織物の総称で、その織地の目の細かさと緻密さから「目千」「目専」が転訛して「銘仙」と呼ばれるようになったという説があるが、それだけに丈夫で、明治から昭和にかけて、女性の普段着として用いられ、一世を風靡した。結婚前の写真でも、友司は銘仙を着ているが、渋い格子柄で、華やかな紫色の銘仙が嬉しかったのだろう。この銘仙の反物は、もとよが再婚した大芝寿之から友司が十九歳のときに贈られたものだが、おそらく友司自らが着物に仕立てたのではないだろうか。立川駅前の南羊堂では、毎朝、出勤する夫を見送る紫の銘仙の友司の姿が見られたに違いない。

石川島飛行機製作所に勤務していた頃の文明

　文明と友司が結婚する前年の九月に、満州事変が勃発した。そして、翌一九三三（昭和八）年、二月に日本はアジア大陸に進出、万里の長城に進撃するという熱河事変が起こる。戦時色が強まるなか、文明の会社も飛行機製作が本格化し、仕事は多忙を極めるようになっていた。文明は、このころのことを「新所帯は、日々好日の平和に充たされ、会社は忙しかった。仕事にも熱が入ったし、〝身の上相談〟も相変わらず忙しかった」（『燈火念念』）と回想しており、公私ともに充実していた様子が伝わってくる。それは、友司にとっても、父、義平の死以来、初めて手に入れた幸せな日々であったことだろう。

友司は「結婚する時は、一生サラリーマンの妻で終ると信じておりました」（『藤の花房』第一集）と後に語っているが、戦前は、サラリーマンという言葉の持つ意味が、現代とは、まったく違うものであったことに注意する必要があると思う。

一九六〇年代の戦後の経済成長期に、サラリーマンという和製英語で呼ばれる給与所得者は一般化し、庶民の代名詞となったが、この言葉自体は、大正時代に民間企業に勤める背広にネクタイ姿の知識労働者を指す言葉として生まれたもので、明治時代ならばエリート層を指すものだった。当時の日本の中間層は商店主や自作農によって構成されており、庶民は、義務教育である尋常小学校を終えると働きに出るのが当たり前で、さらに高等の教育を受け、サラリーマンになる人間は、きわめて少なかったのである。昭和に入ると、ホワイトカラーであるサラリーマンも明治期よりは一般化したが、民間企業の社員に公務員、医師などの専門職を合計しても百七十万人から二百万人ていどだったという推計があり、これは当時の就業人口の七パーセント弱でしかない。やはり、当時のサラリーマンは、エリート層に属するものだったのだろうし、それは新しい都市生活者の層を意味するものでもあった。ちなみに、旧制中学を卒業するだけで、当時は高学歴とされたが、旧制中学の数が現在の大学数よりもはるかに少なかったことを考えれば、それも当然だろう。戦前のサラリーマンについて調査した岩瀬彰『「月給百円」サラリーマン』（講談社現代新書）によると、当時の一円は現在の二千円に相当し、住み込みの女中で月収が十円（約二万円）というのが普通だった時代であり、インテリ層の代表でもあった小学校の教員の初任給が四十六円（約九万二千円）だったそうだ。当時の東京府の課長の月給が百円（約二十万円）、ところが、軍需産業の花形である飛行機のエンジニアで、会社からも高く評価されていた文明は、その若さにもかかわらず、なんと二百円（約四十万円）もの月給を貰っていたのである。小学校教員の初任給の四倍以上になるわけだから、現在の小学校教員の初任給を考えると、今日ならば年収一千万円以上に相当する感じだったかもしれない。文明と友司の生活は、当時にしては恵まれたものであったことだろう。会社の同僚の石塚直次郎氏による次のような証言がある。

伊藤さんは美男子で背も高く、恰幅もいい。今でいうインテリでもあった。人の気をそらさないような、非常に社交慣れしている面もある。着るものも、昔は背の合わないような吊るしの洋服を買ってきている人が多い中で、伊藤さんはいい生地の、ピシッとしたものを着ていたし、マフラーをするったって、粋なものをしていましたしね。カメラだって、ライカなんか何拾円もするようなものを買ってくる。おそらく倹約でもしていて、いいものをバッと買うような人だったのでしょう。

颯爽(さっそう)とした若きエンジニアの姿が伝わってくる談話だが、無駄遣いはせずにいいものだけを選ぶのが、文明のやり方だったようだ。都市部の男性が洋服を着るようになったのは、一九二三（大正十二）年の関東大震災以降からだというが、「吊るし」と呼ばれた当時の既製服は、安価ではあったものの、現在のように良質なものではなかった。だから「いい生地の、ピシッとしたもの」という石塚氏の表現は、当然、いい素材で身体に合った洋服を言うものだろうから、文明が身につけていたのは、オーダーメイドだったと思われる。そして、戦前、背広を誂える（あつらえる）のに、初任給の全額か、もしくはそれ以上がかかったため、男がスーツを仕立てるのは、ひと財産持つ感覚だったことを忘れてはならない。また、ドイツ製のカメラ、ライカは、日本のメーカーが目標とした高級機だが、戦前は「ライカ買おうか、家買おか」と言われ、家一軒に相当するほど高価なものであったことを思えば、文明の経済状態が、かなり豊かなものであったことが分かるだろう。

ドイツ帰りで、皇室の写真も撮っていた有賀乕五郎から写真術を学んだ文明は、カメラが趣味で、休日にはライカを持って、奥多摩などに撮影に行っていたという。文明の写真は、読売新聞が主催する写真コンクールで一等を受賞するなど、さまざまなコンクールで入賞し、多摩の写真愛好家では伊藤文明の名前を知らない人がいないほどだったというが、文明の、この芸術的な天分は、後にまったく違うかたちで発揮されることになる。また、文明は、友司に現像に使う薬剤や、現像の仕方を教えた。友司は、それを覚えていて、文明のために買いに行くこともあったという。

文明と友司が結婚して間もなく、海軍の青年将校の一団が首相官邸を襲い、時の総理大臣、犬養毅を射殺した。世に言う五・一五事件だが、これを境に、日本は軍国主義への道を歩むことになり、翌年、三月には国際連盟を脱退する。会社で数十人の部下を抱え、装備部品班長をつとめ、八八式偵察機の製作を担当していた文明の仕事も、あわただしさを増していった。そのためだろうか、結婚した年の七月、文明は軽微なものではあったが、肺尖部が結核性炎症を起こす肺尖カタルを病み、三カ月あまり静養しなければならなくなった。しかし、一方で友司の妊娠が判明、翌年の四月に初産のために安都玉村東井出の実家に里帰りし、五月三日に長女、映子を出産する。

文明と友司は結婚した年の八月に、いったん吉祥寺に転居したが、子供が出来たのを機に、立川の曙町に引っ越した。木造二階の一戸建てで、玄関を入るとすぐに三畳間があり、右側に六畳間、奥に来客を通す座敷があり、二階に八畳間といった間取りだったらしい。さらに、翌一九三四（昭和九）年、七月二十九日には、長男、智文が生まれ、伊藤家は四人家族となる。友司は当時のことを次のように回想している。

井の頭公園で撮影された家族４人の記念写真（昭和10年頃）

昭和八年の五月には長女に恵まれ、昭和九年の七月には智文が生まれて戦争のような毎日でしたが、親子四人が水入らずで団欒（だんらん）できた、人間的には一番楽しかった時代だと思います。

（『藤の花房』第一集）

文明の会社の同僚だった五十嵐清吉氏は、友司が家の中のことは何でも自分でやっていたことを述懐しているが、育児と家事に追われる毎日は、たしかに目まぐるしいものでもあったのだろう。しかし、さまざまな辛酸を経験してきた友司にとって、それは楽しくも幸福な時代だったのである。

3　家伝の易学

傍らから見たら、文明と友司は、何ひとつ不自由なところのない生活を送っている若夫婦に見えたことだろう。長男、智文が生まれてから、二人は曙町から同じ立川の南幸町(なんこうちょう)に引っ越しているのだが、お手伝いさんを二人雇っていた時期もあるほどで、友司が語る「サラリーマンの妻」とは、「奥様」と呼ばれるような存在だった。戦前は、商家の妻など庶民の連れ合いは、「おかみさん」と呼ばれ、「奥様」や「奥さん」という呼称は、特別なものだったのである。南幸町の伊藤家の一軒置いた隣に、一九三五（昭和十）年に越してきた警察官の倉嶋嘉吉(かきち)氏は、引っ越しの挨拶に近所を回ったとき、一番印象に残ったのが文明と友司夫妻で、とくに友司に関しては、自分より「二十歳も若い奥様なのに、見てくれの上品さではないお人柄を感じた」と語っていたことを、倉嶋氏の娘である中村邦子氏が後に語っている。

しかし、文明と友司は、たんなるサラリーマンと、その妻ではなかったのである。

文明の父、文二郎(ぶんじろう)は、秋田村の村役場で収入役の職に就き、後には村会議員に選ばれるほど人々から信頼を寄せられていたが、地元の古刹、曹洞宗朝陽山清光寺の檀家総代をつとめるとともに、清光寺の住職、高橋竹迷師のもとで参禅につとめるなど、深く仏教に帰依した人であった。また、清光寺の末寺である妙喜院の住職、熊崎得山師とも親交があり、文明が出家して仏門に入ることを期待するところもあったという。それに対して、母、よしえは天理教の熱心な信者だった。天理教は江戸時代末期に中山みきを教祖として始まったいわゆる教派神道の教団であり、親神・天理王命を主神とし、一八八八（明治二十一）年、中山みきの孫で初代真柱（天理教における教主の呼称）の中山眞之亮のとき、明治政府の神道本局に所属する天理教会として公認され、全国に教勢を伸ばした。よしえは、村の天理教分教会に足繁く通ったが、幼い文明に「大きくなったら、神さまのご用をつとめるんだね」と言い聞かせていたという。その意味では、文明は、英語を学んでラジオを組み立て、写真技術を学び、さらには飛行機のエンジニアになるという時代の最先端の技術に携わる人生を送っていたが、宗教的な雰囲気のなかで育ったことになる。しかも、伊藤家には口伝で代々、伝えられてきた家伝の易学があった。それが『甲陽流病筮鈔』である。

易学は古代中国で成立した占術だが、日本に渡来してから、さらに独自の発展を遂

文明が父より伝承した『甲陽流病筮鈔』

げた。戦国時代の甲斐（かい）の国の武将、武田信玄も、易筮（えきぜい）によって軍事行動を決めるほど信を置いていたが、伊藤家にも、そうした易学が伝承されていたのである。父、文二郎は、その継承者として文明を選び、秋田高等小学校に入学した十二歳のときから、三年間にわたって『病筮鈔』の口伝を受けたのだった。文明は父の言葉を次のように記録している。

「うちの〝甲陽流〟は九星を中心としたものではない。周易と五行易（断易）とを折中して、『甲陽軍鑑（ぐんかん）』の原理を裏うちしたものだ。

……永田徳本（ながたとくほん）という、武田家に関係の深い漢方医の達人が、この〝病筮鈔〟を以って、将軍の診察に当たったということだ。詳しいことは『甲斐国誌』を読んでみるんだナ。〝病筮鈔〟とは、俺がつけた名だ」

（『燈火念念』）

専門的な言葉が多いので分かりづらいかもしれないが「九星」とは古代中国から伝わる民間信仰のこと。易は、中国神話時代の伝説の帝王、伏羲（ふっき）が八卦（はっけ）を作ったのが始まりであり、周を建国した聖王、文王（ぶんのう）が八卦を六十四卦に発展させ、文王の子で、周の建国と安定に功績があった周公が、さらに三百八十四の爻辞（こうじ）を作り、後代の春秋戦国時代に、孔子が十翼（じゅうよく）の解説を付けたと伝えられ、伏羲・文王・周公・孔子を易における四大聖人として尊崇（そんすう）する。日本で「当たるも八卦、当たらぬも八卦」と言われ、一般的に行われているのは「周易」である。「五行易」は、「断易」もしくは「鬼谷易」とも呼ばれ、六十四卦から木・火・土・金・水の五行の強弱を判断し、物事の吉凶を占う。周易に対して断易は、吉凶がはっきりと現われるのが特徴とされるが、文二郎が文明に語ったのは、『病筮鈔』が民間信仰ではなく、中国の正統的な易学を日本的に発展させたものであるということなのだろう。しかも、それが『甲陽軍鑑』と関わりがあるとされているところが興味深い。

永田徳本もまた甲斐の国と深い関わりを持つ医師である。徳本は修験道を学んだのち、当時の明からもたらされた漢方医学を修め、甲斐の戦国大名、武田信虎・信玄父子二代の侍医となったとされ、武田家滅亡後は、諸国をめぐって貧しい人々の治療に当たったと言われている。どんな患者からも十八文しか報酬を受け取らなかったため、「十八文先生」と称されたが、江戸時代初頭には徳川幕府第二代将軍、徳川秀忠の病も治し、報酬を受け取らず立ち去ったという伝承もあり、「甲斐の徳本」とも「医聖」とも呼ばれた。この永田徳本が、武田信玄・勝頼二代の軍学書である『甲陽軍鑑』と易学を結びつけることになったのかもしれないが、真相は分からない。名称もなく口伝で伝えられた易学に『病筮鈔』という名前をつけたのは文二郎自身、その漢字を聞いていなかったので『病筮鈔』という漢字を当てたのは文明だが、永田徳本との関わりを考えると、この名称はうなずけるものがある。

文二郎は、文明が十五歳のとき、五十四歳で世を去っている。文明にとって『病筮鈔』は、家伝の易学であるとともに、父を偲ぶ形のない形見でもあったわけで、文明は仕事のかたわら『病筮鈔』の研鑽を続けた。石川島飛行機製作所に入社した二十三歳のとき、文明は東京小石川の大日本易占同志会に入会して、易学の大家、六世石龍子から易学と観相学を学び、教師免状まで取得している。おそらく文明は、易学を体系的に学ぶことによって、家伝の『病筮鈔』をその体系のなかに位置づけるとともに、理解を深めたいと考えたのではないだろうか。

文明は観相、手相にも通じ、新宿を歩いていると、手相見や人相見が「先生」と声をかけるほどだったことを同僚の五十嵐清吉氏が述懐している（『四樹』）。父から『病筮鈔』は口伝を尊び、決して営利のために用いてはならないと厳しく戒められていた文明は、父の教えを守って、決して営利に用いることはなかったが、友人や同僚の求めに応じて易占を立てることがあった。そして、これが当たると評判を呼ぶようになったのである。そして、文明のところには、公私にわたるさまざまな相談を持ち込む人が次第に増え、友司と結婚したときには、毎日、数人が助言を求めに来ているような状態だったのである。先に述べた、文明の結婚生活の所感の「新所帯は、日々好日の平和に充たされ、会社は忙しかった。仕事にも熱が入ったし、身の上相談も相変わらず忙しかった」（『燈火念念』）という言葉のうち「身の上相談」とは、『病筮鈔』による易占を求める人たちの相談に乗ることを意味するもので、相談は仕事や結婚、子供の命名など、多岐にわたるものだったようだが、なかには夫婦喧嘩の解決まで頼んでくる人があったことを文明は述懐している。

文明のもとに相談に訪れたのは、友人と会社の同僚のみならず、会社員、警察官、事業家、料理屋の女将(おかみ)さんと実にさまざまで、当時の陸軍の監督官までもが訪ねてくるほど、信頼を集めるようになった。会社でも『病筮鈔』によって文明が出火を予知したおかげで大事に至らずに済んだため、会社の「諸問題の解決、予知、予防」を仕事として引き受けて欲しいという打診もあったが、文明は、父の戒めを守って、これを固辞し、あくまでも余技として、人々の相談に応じた。いわば、『病筮鈔』の信者が、文明の周囲に集い始めたような状態だったと言えるだろう。

合理的な知性と精神の持ち主ならば、はたして易占などに信頼が置けるのか、疑問を抱くかもしれないが、それは、文明自身も抱いた問いだったかもしれない。彼が、英語を学んでラジオを組み立て、写真術を学び、さらには飛行機のエンジニアになったことを思えば、文明が理系的で近代合理主義的な資質を持つ人物であったことは十分に理解できると思う。だからこそ、彼は難解な口伝の『病筮鈔』を理解するために、易学じたいを学ぼうと考えたのだろうし、さらには『病筮鈔』で人々の相談に乗るうちに、この世には合理的な考え方だけでは克服できない問題があることに気づいたのかもしれない。

携帯電話が当たり前になり、パソコンのネットワークが世界を繋ぐようになった今日でさえ、日本では、テレビでも占いのコーナーがあり、雑誌には占いのページがあり、占い関係の本がベストセラーになることが珍しくないが、それは、西洋的な合理主義のなかで生きる現代人でも、合理的な考えや行動では、解消も解決もできない問題に直面することは珍しくないという現実を反映したものなのではないだろうか。

一九三六（昭和十一）年ごろ、日本海軍の航空本部は、続発する事故に頭を悩まし、事故防止のためにパイロットの適性を調査する方法を模索していた。そのとき、霞ヶ浦航空隊の副長だった桑原虎雄中将が連れて来たのが、後に観相学の大家として知られることになる水野義人で、彼の観相学による適性の指摘は、ほかの調査法をはるかにしのぐ八三パーセントという適中率を示し、航空本部長だった山本五十六大将は、水野義人を海軍嘱託として、海軍機搭乗員の採用、選別に当たらせたという興味深いエピソードがある。当時、科学的な方法とされた試験よりも、観相学のほうがはるかに現実に即したものだったことになるが、長く伝えられてきたものは、何がしかの真理を孕んでいるということなのかもしれない。とりわけ、易学のように三千年もの歴史を持つ占術ともなると、長い時間のうちに、さまざまな経験が体系化されていったのだろうし、歴史があるものは形式だけにこだわると形骸化することも多いが、『病筮鈔』は、文明という人物を得て、生きて働くものになったと考えることもできるだろうか。ともあれ、『病筮鈔』をきっかけとして、文明と友司の宗教的遍歴が始まることになるのだが、二人は、まだ自分たちの未来を知ることはなく、幸せな日々が続いていた。

4　宗教的遍歴

家伝の『病筮鈔』とともに、文明がひとりの宗教家として立つ決意をする大きな役割を果たしたのが、妻、友司だった。

すでに語ったように、友司の育ての親でもある祖母、きんは『法華経』に深く帰依したシャーマン的な女性だったが、友司もまた、祖母の影響で、観音信仰を持っていた。一般には『観音経』として知られる経典は、『法華経』の第二十五章『観世音菩薩普門品』だが、そこでは大慈悲により衆生を救うことを誓い、衆生救済のため三十三に変化する観世音菩薩が描かれている。この『観音経』は、もともとは独立した経典であったものが『法華経』に吸収されたものであるが、わが国でも観音信仰の歴史は古く、六世紀末から七世紀の飛鳥・白鳳時代に遡り、『法華経』を背景とする死者追善を主眼とするものだったようだ。それが、次第に現世利益的な要素を強めるとともに民間に広がっていったが、友司の場合は、祖母が『法華経』の行者だっただけに、現世利益的な信仰とは一線を画した真摯なものだったのだろう。次第に、文明も観音信仰に興味を持ち、『観音経』の教義の勉強に打ち込むとともに、朝夕に『観音経』を読誦するようになる。また、名前は伝わっていないが、会社の同僚の妻が『法華経』を信心し、文明も誘われたことがあったというから、教義の勉強は『観音経』のみならず『法華経』全体に及ぶものだったと思われる。

しかし、文明と友司が観音信仰に打ち込む前にも、宗教的な遍歴があった。

石川島飛行機製作所の同僚に、佐藤清造という人がいて、彼の実家は浄土宗の寺院だったため、文明は浄土宗の教学を随分と学んだらしい。さらに、吉祥寺に住んでいた文明の姉、岩下与志子は、キリスト教の熱心な信者で、新宿のホーリネス教会に通っていた。この姉の勧めで、文明は一時期、ホーリネス教会に通い、『聖書』をボロボロになるまで熟読したが、友司はキリスト教になじむことができなかったようだ。こうした遍歴ののちに、二人の観音信仰は熱を帯びていったわけだが、おそらく、『病筮鈔』で人々の相談に無償で応じているうちに、文明のなかで宗教に対する関心が高まっていったのではないだろうか。たしかに、易占によって人々の役に立つことはできる。ときには、その悩みを解消することもできるだろう。しかし、本当に人々を救うためには、どうしたらいいのだろうか。文明は、そうした疑問を抱えていたのかもしれない。

そんなとき、『病筮鈔』の噂を聞きつけたひとりの真言宗の僧侶が訪れ、文明は易学を教えてほしいと請われた。大堀修弘という、その行者は代わりに自分の師匠を紹介し、真言密教を教えようと申し出たのだが、文明はこれを了承し、二人は易学と真言密教の研鑽を重ねることになる。これが、文明と真言密教の出会いとなった。

こうした文明の宗教的な遍歴は、すでに語ったように家伝の易学である『病筮鈔』を発端とするものではあったが、同時に友司の理解と助力なしにはありえなかったことは想像に難くない。文明は、多忙をきわめるエンジニア職のみならず、毎晩、深更に及ぶことさえあるほど易占に打ち込んでいたわけだが、友司は友司で、多忙な夫を支えて家事を仕切るだけではなく、出産と子育てにも追われていたわけであって、それは本人の言葉を借りるならば「戦争のような毎日」にほかならなかった。一九三〇年代、昭和も初めのころである。友司の故郷の安都玉村でも、友司が高等小学校に入学したころ、電気が通るようになり、ランプから電気になったという証言があるので、都市部では電気は当たり前になっていただろうが、炊事や洗濯といえば、まず井戸から水を汲むところから始めなければならず、冬場、暖を取るとしたら、まず炭を熾して火鉢という時代なわけで、洗濯も、洗濯板を使って手洗いしていたわけだから、家事そのものにかかる労力じたいが、今日とは比較にならぬほど大変なものであったことは忘れるべきではない。ただし、幼少期からからっ風が吹く高原の田舎で、家事のみならず家業を支えてきた友司にとって、東京・立川での生活は苦になるようなものではなかったことだろう。しかも、多くの人から信頼を寄せられる夫と、手がかかるとはいえ、かわいいわが子と一緒の暮らしである。家族に恵まれない人生を送ってきた友司にとっては、充実した日々であったのだろうし、その感謝があったからこそ、友司の観音信仰も、より深いものになっていったのではないだろうか。

「苦しいときの神頼み」という言葉が示すように、困ったときや苦しいときに神仏にすがる利己的な信仰ならば珍しくないし、不景気になると初詣客が増えるという統計もあるほどだが、満たされたときに、なおも感謝を忘れず、祈りを深めていく友司の姿は、文明に信仰というものの姿を教えたのではないだろうか。このことについて、文明はとくに書き残してはいないので、これは推測でしかないが、友司という伴侶が、文明を仏教へと向かわせたのは間違いないと思う。

文明は、自宅に本尊を迎えたいと考えるようになる。その経緯を本人は次のように語っている。

私はできれば観音さまとの縁をつけたいと思い、またその〝観音さま〟といえば、正法輪を転じ、大衆に最も好まれる仏さまとの印象もあり、殊に友司も観音さまの信心を深くしておりましたので、こうしたことから、家に観音さまをお祀りしようということになったのです。

（『苑史回想』）

なぜ、観世音菩薩を本尊として迎えたいと思ったのか。それは、観音様が広く親しまれるとともに、友司の帰依する尊格だったからであり、文明の手記からは、それが友司と相談して決めたものであることがうかがえるように思う。おそらく、文明は、『病笠鈔』を求めて参集する人々の心の支えとなるような形ある御像を迎えたいという思いがあったのではないだろうか。

また、この手記で重要なのは、「正法輪」という言葉である。密教には「三輪身」と呼ばれる仏身の解釈があって、如来として教えを説く「自性輪身」、人々を救済する菩薩となっての「正法輪身」、救い難い衆生を教化するために忿怒の相で明王として現われる「教令輪身」がそれなのだが、観世音菩薩を「正法輪身」として語っているということは、文明が、この段階で真言密教の立場から本尊を迎えようとしたことを意味している。仏教における尊格は、如来・菩薩・明王・天部に分類されるが、このうち天部の諸尊は、バラモン教やインドの民間信仰の古い神々が仏教に取り入れられたもので、仏法の守護神である護法善神としての性格を持っている。明王もまた、インドの民間信仰に由来する尊格なのだが、仏教においては密教経典だけに登場し、優美かつ柔和な菩薩形の孔雀明王をのぞけば、火焔を背負った忿怒の形相をしており、真言密教では、不動明王・降三世・軍荼利・大威徳・金剛夜叉を五大明王とするが、なかでも重要な位置を占めるのが、不動明王となる。

観世音菩薩を探していた文明は、思いがけない縁で、結局は不動明王を迎えることになるのだが、それは文明と友司にとって、人生のコペルニクス的転換としか言いようがない、新たな道を歩む契機となったのだった。

Ⅲ　苦難

1　不動明王

　このころ、文明(ふみあき)は古書店で『修験(しゅげん)大綱』を求めて読んだらしい。修験道(しゅげんどう)は、山岳に霊性を見い出す日本古来の山岳信仰を母胎(ぼたい)として生まれ、その開祖として崇(あが)められているのが、役行者(えんのぎょうじゃ)として名高い役小角(えんのおづぬ)である。役小角は大和国葛城(やまとのくにかつらぎ)に生まれたと伝えられているが、葛城山で修行し、鬼神を使役して呪術をよくしたことが、『日本書紀』に続く勅撰(ちょくせん)の歴史書である『続日本紀(しょくにほんぎ)』（七九七年）に見えるので、七世紀に実在した人物と考えられている。それが次第に神格化されて、さまざまな伝説が生まれるようになり、鎌倉時代には修験道の開祖として仮託され、室町時代の末期から『役行者本記』を始めとする伝記書が、いくつも編まれることになった。

この役行者から霊異相承を受けたとされるのが、真言密教の系譜に大きな足跡を残した京都、醍醐寺の開山である聖宝・理源大師である。聖宝は、東大寺で空海の実弟、真雅を師として修行し、空海の甥で、空海入定後、高野山金剛峯寺の二世となった真然から真言密教の奥義を受法しており、九世紀に生きた聖宝と七世紀の人である役行者と出会うはずはなく、聖宝の霊異相承とは、役行者の霊性に聖宝が感応し、それを受け継いだという伝承と考えるべきなのだろう。聖宝という権威のもと、密教の中に位置づけられた修験道は、次第に密教的な教理体系をとり入れ、日本における仏教信仰の大きな潮流のひとつとなるわけだが、役行者そして役行者が勧請したとされる蔵王権現とともに修験道の主尊となっていたのが、不動明王だった。

修験者は山伏とも呼ばれたが、出家して修行をする僧侶に対して、在家のまま必ずしも僧形とはならずに普通の社会生活を営みながら、山岳修行をするのが修験者だから、密教においては、その奥義を修するのに、出家と在家、ふたつの方法があったことになる。『修験大綱』は、このことを次のように簡潔に語っている。

> 修験とは修証験得の義なり。修験者とは俗行にして密法を修する者なり。修験

の別称を山伏または山臥と言う。密教には出家菩薩と在家菩薩と二種ある中、在
　家を主としたるもの。

「修証験得」とは、修行の結果として法力を得たものを意味している。また、ここでいう「菩薩」とは尊格（そんかく）のことではなく修行者を意味しており、密教においては、剃髪（ていはつ）して出家する修行者だけでなく、世俗で生活を営みながら修行する在家の修験者という、ふたつの道があることが語られていることになる。

石川島飛行機製作所に勤務して六年、仕事のうえでも重責を担い、妻と二人の子供を養わなければならない文明としては、仕事を捨てて出家するのではなく、会社勤めという在家のまま、真言密教の修行をしてみたいという思いが、そのころはあったのではないだろうか。大堀（おおぼり）

忿怒の相を表わす不動明王
（文明がのちに謹刻）

修弘の導きで、真言密教を学んでいた文明は、大堀の強い勧めもあって、観世音菩薩ではなく、不動明王を本尊として迎えることを決意する。

先に語ったように、不動明王は密教に固有の尊格で、密教経典では、度しがたい衆生を救うために大日如来が恐ろしい姿を取って現われたものとされ、宇宙神的な性格を持つ大日如来の化身とされる存在である。また、密教における火の儀礼として知られる「護摩」の修法も、不動明王を本尊として修されるのが、もっぱらであり、文明が不動尊を本尊として選ぼうとしたということは、とりもなおさず彼が密教を修しようと心に決めたことを意味している。その意味は、後述することにしたい。

不動尊像を求めては探し歩いていた文明だが、納得できる御像がそうそうあるわけはない。そんなときに伝え聞いたのが、東京・神楽坂に素晴らしいお不動様を刻む仏師がいるという噂だった。仲丸奥堂というその仏師を訪ねた文明が、そこで眼にしたのは、鎌倉時代まで遡るかと思われる見事な不動明王坐像だったのである。

真偽は定かではないが、仲丸家に伝わる不動明王像は、鎌倉時代の大仏師、運慶の作とされ、運慶が願成就院の諸仏を刻んだときに、北条時政の持仏として別に刻まれた一一八四（寿永三）年の作と伝えられていた。仲丸奥堂師は、この不動明王像を手本として、仏像のなかでも「怒りもの」と呼ばれる忿怒の相をした明王像や仁王像を刻み、名人という評判を得ていたのである。

奥堂師の妻、仲丸巳氏によると、家宝である不動明王像は、普段は二階の吊り戸棚に安置されていたという。この吊り戸棚は、厚い板の扉に、彫刻師であった巳氏の父が上り龍と下り龍を彫り出し、龍の縁に黒、地に群青の塗りを施したうえで、龍に金箔を置いた大層、立派なもので、不動明王像は、そのなかに奥堂師作の矜羯羅、制吒迦両童子を従えて座していたらしい。ところが、文明が訪ねる前に、偶然にも彫像が売れて置くものがなくなり、通りに面したウィンドウがあまりに淋しくなったものだから「お不動様、少し店番をお願いします」と、ウィンドウに置かれていた。つまり、仲丸家を訪ねた文明は、仲丸夫妻と会うまえに、いきなり不動明王と出会ったことになる。

この不動明王像にすっかり魅せられた文明は、奥堂師に「ぜひとも私に、これと同じものを一軀刻んでいただきたい」と頼み、快諾を得る。しかし、約束の三カ月後に仲丸家を訪ねた文明は、奥堂師から思いがけない申し出を受けた。

「申し訳ありません。ご依頼のお不動様はどうしても刻めないのです。こんなことは初めてなのですが、どうしてもこの仏様が先生(文明)のところへ行きたいと、刻ませてくれないのです。そういうわけですから、このお不動様をお持ちください」

この申し出に、誰よりも驚き、仏意というものを感じたのは文明ではなかったろうか。運慶一刀三礼(いっとうさんらい)の作と伝えられ、家宝であるばかりか、毎月、二十八日に仲丸家では行者を頼んで経をあげてもらっていたという守り本尊でもある。仲丸巳氏も、奥堂師がこの尊像だけは「惜しがって手放さない」と思っていたことを回想している。ところが、長年、仏像を刻み、とりわけ明王像を得意とした仲丸奥堂師が、なぜか不動明王像を刻むことができないという初めての経験に直面したときに、それを不動明王が文明のところに行きたがっているという仏意の現われだと考えたわけであり、奥堂師の仏師としての悟達(ごたつ)もすごいものがある。仲丸家は、当時の東京・牛込肴町(現・神楽坂)、大久保通りに面したところにあり、もともとは五軒長屋だったものを、文明が訪ねる五年前、一九三〇(昭和五)年に建て直したものだった。そして、太平洋戦争も終わりに近い十年後の一九四五(昭和二十)年、四月十三日、米軍による空襲で神楽坂一帯が焦土と化したときに焼け落ち、焼け出された仲丸一家は、弁天寺に身を寄せ、奥堂師はその寺で亡くなったらしい。仲丸巳氏は、もし不動明王像が、そのまま仲丸家にあったとしたら、この空襲で尊像も焼失しただろうと語っている。

2　入我我入観

文明が、仲丸家に運慶一刀三礼と伝えられた不動明王像を立川南幸町の自宅に迎えたのは、一九三五（昭和十）年十二月二十八日のこと。この日、文明は午前四時半に起床、水垢離を取り、身心を浄めてから、タクシーで仲丸家に向かっている。前日から降り続いていた雪は激しさを増し、国立は谷保の天満宮のあたりでは牡丹雪に変わり、見通しもきかないほどで、神楽坂まで三時間もかかったが、尊像とともに立川に帰るときには、雪も止み、晴れ渡った空には一片の雲さえなかったという。

仲丸奥堂師宅を文明が辞したのは、午後一時半。帰りの車中では、文明が不動明王像を捧げ持ち、仲丸夫人がつきそって、小学校一年生と三年生だった仲丸家のお嬢さんが奥堂師謹刻の矜羯羅、制吒迦の両童子像を膝に乗せていたのだが、帰途、一行は不思議な現象を目にすることになる。タクシーのエンジンのあたりに、五色の虹のようなものがたなびき、車とともに走っていくのだ。仲丸師のお嬢さんに「先生、あれ何です？　五色の雲っていうの？」と尋ねられた文明は「雲か虹か分からないけど、不思議なことですね」と答えたというが、それは瑞雲のように見えたことだろう。

立川に着いたのは、午後三時すぎのことで、文明は自宅の床の間に尊像を安置した。仲丸夫人とお嬢さんを送り、すべてが一段落したのは午後七時。それから、文明は友司の「御礼の御法楽を申しあげましょう」という提案で、水垢離を取ってから、不動尊に読経し、真言を読誦するのだが、このとき、不思議なことが起こった。文明が詳細に書き残しているので、引用してみよう。

やがて形通りの読経が終り、不動明王の慈救咒の御真言を読誦するうち、不思議な現象が起きて来た。

妻の身体は前後左右に、かすかに震える如くに動き出した……（中略）見ると合掌していた手はぐんぐん引き上げられる様に延び、両の手は合掌したまま、両拇指、両小指を相付けて蓮華印となし、頭上高く結び、しばらくして亦元の合掌の位置に戻すことを数回繰り返した。

やがて御法楽の全部が終って、妻は感激より覚め、私に向って――両手の合掌が両方の拇指と小指が付いて開かれたのですが、私は一体どうなるかと思ったが、おつとめが終ると自然に戻りましたが……あれはどういう訳でしょうか――

密教は、加持祈禱宗と言われるほど、護摩などの修法を重視する。加持祈禱などと聞くと、何か呪術的なシャーマンによる祭祀を連想してしまう人が多いかもしれないが、仏教において、「加持」とは仏の加護を意味するもので、弘法大師・空海は『即身成仏義』において、仏から衆生に対する働きかけが「加」であり、行者が仏からの働きかけを受け止めることが「持」であると語っている。つまり、真言密教においては、行者が秘儀にのっとって修法を行じ、本尊と感応して仏からの働きかけを受け止め、それを信徒に及ぼすというのが、加持祈禱の意味するものであって、そのために行者は、手に印契を結び、口に真言を唱え、諸仏を一文字で象徴する梵字、種字を心中に思い浮かべて本尊との一体化を果たすのだが、これを身・口・意の「三密」と言う。友司が無意識のうちに結んだ印契とは、本尊の座す場所を整え迎えるときの蓮華印だが、文明は真言密教に関する知識を深めていたので、友司にそれを伝えた。密教においては、三密を加持し、本尊が自分の身中に入ったと観じ、自身が本尊の身中に入ったと観ずる行法を「入我我入観」と呼ぶ。つまり、仏と行者が一体化する修法なわけだが、文明は、友司に起こった出来事はこの入我我入だろうと語り、友司も納得したらしい。

ここで重要なのは、「私は一体どうなるかと思った」という友司の言葉から分かるように、彼女自身は何が起こったのかが、まったく分かっておらず、そして、そうであるにもかかわらず、それを喜びを持って受け容れたということだろう。「妻は感激より覚め」という文明の記述が、そのあたりの事情を物語っている。また、これ以前に友司の身に不思議な事象があったという記録は残されておらず、友司自身もまったく語っていないことから推しても、これは彼女にとって初めての宗教的な神秘体験となったのだろう。それが大日如来の化身たる不動明王という本尊を迎え、本尊との感応とのなかで初めて起こったということも、意義深いものがあると思う。

文明が迎えた不動明王像は、まだ開眼しておらず、木像でしかないわけだが、文明と友司が慶讃の法楽を奉じるなかで、不動尊の御霊が降臨したと、文明は考えたようだ。また、自分は出家ではないので、修行して開眼の儀を執り行うことができるまでは、拝むたびに不動尊の御霊が降臨していただけるように拝したいと思ったことを

『手記』に書き残している。

　不動明王像を迎えて、南幸町の文明宅は、たんに日々の生活を営む家庭から、仏の仮安置所となった。この段階で、文明が仏教者としての修行を決意していたことも間違いないが、友司もまた、それを当たり前のこととして受け止めていたようだ。子供たちを寝かしつけてから、友司は、突然、「貴方、僧籍に入るには法名とか、名前を変えるのでしょう」と尋ねて、文明を驚かせたという。そのとき、文明が考えていたのは、日中に見た不思議な五色の雲のことだった。高僧には、五色の雲をともなう伝説が少なくない。弘法大師・空海は唐からの帰途、暴風に遭い、船が難破しかけたとき、五鈷杵（密教法具）を海中に投じたところ、五鈷杵が、五色の雲のなかを天高く飛んで東へ走り、荒海は鎮まったという伝説がある。また、この五鈷杵は高野山まで飛来し、後に高野山に金剛峯寺が建立されることになるのも広く知られた弘法大師伝説のひとつだろう。また、理源大師・聖宝は、京都の巽（南東）の笠取山のあたりに五色の瑞雲を見て、笠取山に醍醐寺を開いたと伝えられている。文明が見たのも、五色の瑞雲だったのだろうか。仲丸師のお嬢さんも見ているのだから、錯覚ではない。文明の『手記』は次のように続いている。

突然、妻はまた、「貴方、僧名をなんとつけるのですか?」。妻はうれしそうである。

しかし、私は面食らった。

「うん、その……迷妄の雲晴れたり、その天晴（てんせい）と、天晴と決まっているんだよ」

妻も笑いながらうなずいた。明王の降臨と、仏子の出生と命名とが、昭和十年十二月二十八日の中に決定した。これは私が自分よがりのうれしい気持ちに、妻の気持ちを急激に同化せしめたものかもしれない。しかし、妻も確かに喜びに満ちていた。

五色の雲は、文明の迷いを打ち払い、心中に青空が広がっていたのだろう。それで、僧名が、天晴。文明は仏弟子たる「仏子」となったわけであり、その名も決まった。そして、そのことを心から喜ぶ友司の姿が描かれている。

年が明けて翌一九三六（昭和十一）年、正月早々から、文明と友司は、不動明王を本尊として、三十日の寒修行に入った。

3　寒修行

寒修行は寒行とも言い、小寒から立春の前日までの三十日間、行う修行であり、一年でもっとも寒い時期だけに、昔から修行に効果があるとも考えられてきたものだが、暖房といえば火鉢しかない時代、厳寒のなか、水垢離を取っての修行は、普通の人には耐えられないほど厳しいものであったに違いない。文明の『手記』によると、友司は必ず自分の水垢離を終えてから、文明のための準備をしていたようで、文明が用いる四斗樽に注連をかけた水桶は、決して自分では用いず、それどころか水垢離を取るときには、しぶきひとつかからないよう気を配っていたという。これは、文明が夫であるとともに、友司にとっては仏道の師でもあったからだろう。

しかし、寒修行と言っても、文明は、いまだに石川島飛行機製作所に勤める身である。勤行は、まだ夜も明けぬ朝の五時と、文明が会社から帰宅してからの夜八時に行われた。

文明のまわりには『病筮鈔』の信奉者が集まっていたが、自然と文明の信者が集まり始めていたのだろう。この寒修行にも、三十名ほどが参加したという。当時の修行について文明は「何事にもすぐ千巻経だった」と回想している（『苑史回想』）。千巻経とは、集った人数で頭割りして、千回、『般若心経』を唱えるというもので、読経とともに振る錫杖の輪が飛んでしまうほど真剣なものだったという。また、文明と友司は、不動尊を迎えてから、『不動経』と『観音経』をよく読誦していたようだ。

この寒修行中に、友司の不動明王との入我我入は、より一層深まっていったことを文明は語っているが、夜の勤行が終わったころには、毎日、さまざまな悩みを抱えた十人ほどの人が詰めかけて、文明に祈禱を頼むようになり、寒修行も満願に近づいた一月二十八日、文明は、ついに会社を辞めて人々のため宗教家として立つ決意を固めることになる。このころ、日本はいよいよ軍事色を強め、文明が勤務する石川島飛行機製作所の従業員は千名を超えていた。そして、一九三六（昭和十一）年には社名を立川飛行機株式会社と変更、それまで年間、七十三機だった飛行機の生産機数も一気に三百機近くまで跳ね上がっていた（『立川市史研究』）。文明が不動尊を迎え、友司とともに寒修行に入ったのは、まさにその年のことであり、数十名の部下を率いる文明の仕事は多忙を極めていたし、悩みを抱えて文明の元に来る人々と真剣に向き合うためには、会社の休日と仕事を終えた夜間だけでは足りなくなっていたのである。このころ、伊藤家では、お手伝いさんを二人も使い、余裕のある暮らしを営んでいた。しかし、それも会社から高給を貰っているからこそ出来る生活である。会社を辞めて、仏道を歩むとしたら、そこに待ち受けている苦悩は、なまなかなものではないだろう。文明も迷ったようだが、一月二十八日の『手記』には、次のような言葉が残されている。

　然し若し会社をやめて、貧しき人々（心も意味する）の相談相手、またその人達の依るべと――、成って行ったなら、此れ亦、今迄以上の有難さであり嬉びではないか……。

　毎月二百円からの収入が途絶たなら一体どうなるだろう――妻の身になって考えて見ることも大切だ――。

結婚して新生活を始めたときでさえ、文明は、連日、深夜まで人々の相談に応じていた。しかも、『病筮鈔』は決して営利に用いてはならないという父の教えを守り、無償で、家族の団欒を犠牲にしてでも、人々と向かい合っていたわけだから、その精神的な骨格には、自分よりも、まず他者のためにという思いが強くあったことになる。こうした姿勢を、仏教では「大乗利他」と言うが、今になると、文明は、歩むべくして仏道を歩むことになったとしか思えぬのも事実である。また、文明は「妻の身になって考えて見ることも大切だ」と記しているが、かねてから熱心に観音様に帰依し、ともに寒修行までして本尊と深い感応を示している友司が、宗教者として立つことを賛成してくれると文明が考えていたのも間違いない。ところが、思いがけないことが起こった。

　文明が会社を辞める決意をした二日後、一月三十日。文明は出勤したが、定時の午後四時で帰り、友司に自分の考えを告げた。しかし、意外にも友司は「一体子供や私はどうすればいいのですか。それは困ります」と反対したのである。二人の子供を持つ母として、友司の反応は、当たり前というものだろう。ましてや、子供のころから両親がいない辛い暮らしを送ってきた友司にとって、文明と結婚してからの日々は、それまでにない幸福なものだったはずである。常識的に考えても、夫が、恵まれた仕事を捨てて不安定な生活を選ぼうとしたときに、賛成する妻はいないだろう。文明も

「妻や子供に心配をかけて、何が他の救いになろう」と思い直し、仕事は仕事、仏法は仏法と、両方、精進していこうと決意する。

ところが、翌日、今度は逆に、友司が、会社を辞めて、仏道ひとすじに立って下さいと言い出したのである。友司は、文明が出社したあと、文明が黒い法衣(ほうえ)を着て経机を前に、人の相談相手となっている姿を透視したのだと言う。つまり、友司は、文明が出家して仏道を歩む未来のヴィジョンを見たことになるわけだが、仏典では、如来や菩薩といった諸仏は修行の結果として「六神通(ろくじんずう)」と呼ばれる能力を身につけるとされており、釈尊も六神通を体得していたとされている。この六神通のひとつに「天眼通(てんげんつう)」があり、これは、この世のすべてを見通し、未来を予知する能力をいうのだが、友司が見たという文明の出家姿も天眼通によるものだったのだろうか。友司が不動明王を本尊に迎えたその日から本尊と感応を見せ、入我我入を示していたことを思えば、この出来事も不動尊と友司が一体化することによって示された仏意であったのかもしれない。

友司は、文明に次のように語ったという。

私と子供のことは心配いりません。
もし食べられないとおっしゃるのなら、私は子供を連れて実家にかえります。
貴方は本尊様を背負って托鉢(たくはつ)しても、宗教家としてやり抜いて下さい。
それだけの覚悟があれば、本尊様は、必ず救(たす)けてくださるはずです。

（『苑史回想』）

妻は意見を変えたわけだが、文明としても悩んだあげく、会社と仏道の両立を決意したばかりである。わずか一日で、翻意するわけにはいかない。「七年も勤めた会社を辞めるなんて、可愛い子供と別れるより辛いものだ」と言って、決心を変えなかった。

ところが、そう言った翌日に、今度は長女がいきなり高熱を出す。これは仏意かと、文明は思ったが、一方、会社では上司が「彼は会社でも必要な人間だ……僕が不動様になって――絶対に辞めさせせん」と事態は二転三転する。そうしたなか、友司の決意は、まったく揺らぐことがなかった。不動明王は、サンスクリットで「アチャラナータ」、原義は「動かざる尊者」で、不動尊、無動尊とも言われる。一度、心に決めてからの友司は、あたかも不動明王が乗り移ったかのようで、寒修行は、いよいよ満願の二月三日を迎えることになったのである。

4　霊能

二月三日は、文明、友司夫妻にとって初めての宗教的な行である三十日の寒修行を成し遂げる満願の日であり、不動尊に護摩を修することになっていた。護摩は火を焚く密教の中心的な修法であり、空海によって日本に伝えられたとされている。釈尊誕生以前から行われていたバラモン教に火の祭祀があり、供物を焼いて、その炎と煙を天上の神々に捧げ、祭祀者の願いをかなえてもらうという儀礼が、密教に取り入れられてからは、仏の智慧（ちえ）を象徴する火でもって、煩悩（ぼんのう）を焼き尽くす修法となった。

文明は不動明王の仮安置所となった自宅を、寒修行に入ってから立照閣（りっしょうかく）と称するようになっており、満願の日の護摩供養の案内も立照閣の名で出されているのだが、この日、護摩を修したのが、文明に初めて真言密教を伝えた大堀修弘の師である浦野（うらの）法海（ほうかい）だった。

浦野師は、京都の醍醐寺に僧籍を置く真言宗醍醐派の修験道行者で、このとき六十歳。堂々たる体軀だが、温顔で誰に対しても丁重な態度を崩さず、文明と友司は信頼を抱くこととなった。浦野師は不動尊を拝して、その立派さに感嘆したが、午後一時から執り行われた浦野師の護摩も伝統の法にかなった見事なもので、一同を感激させ、文明は、これを「立照閣初の護摩修行」と位置づけている（『手記』）。

友司は、御礼の冷酒を準備したが、浦野師はさらに、持参した刀を鞘から抜き、寒行の仕上げの邪気払いをして、「臨、兵、闘、者、皆、陳、列、在、前」と九字を切り、文明らに感銘を与えたという。九字とは修験道において、災いを払うとされている呪法だが、文明も友司も、浦野法海師に真の修行者の姿を感じたのだろう。友司も、よほど浦野師に心を許したのか、まるで身内の伯父か何かに会ったような気易さで、自身の本尊との感応のことなど疑問をさかんに尋ねていたというが、浦野師は、友司が若いのに珍しくも不動明王との深い感応が出始めていることに感心し、これからの修行に期待を寄せたことを文明が『手記』に記している。

浦野師を見送って、興奮冷めやらぬ世話人たちも散会したのが、午後七時ごろ。この日は、友司の伯母の油井玉恵も手伝いに来てくれていたので、片付けも早々に終わり、八時すぎに友司の提案で、文明と友司は本尊へ御礼のために勤行に入った。そして、真言を唱えているとき、不思議としか言いようのないことが起こったのである。

玉恵伯母もまた感応状態に入り、友司と対座して、日天の印を結んだことを文明は記録しているが、日天は太陽を擬人化したバラモン教の神が仏教に取り入れられたもので、密教においては、護法善神として十二天のひとつに数えられる尊格である。そして、玉恵は友司に「顕より密に入り、正しく修行し、世のため人のため、正しく道を貫くべし」と告げたのである。二月四日、午前一時のことであった。

これは、玉恵が本尊、不動明王を感応して発した言葉だったのだろうか。友司は深い感応状態に入って、しばらく醒めることがなかったが、玉恵は友司が「三代目」であることを告げると感応から醒め、「珍しいことがあればあるもんだ」と呟いたという（『手記』）。

玉恵の言葉は何を意味するものだったのか。

「顕より密に入り」とは、顕教から密教を修行しろということを意味するものだろう。仏教においては、その根幹を言葉で説くことができる教えを顕教と呼び、言葉だけでは語りえぬ深秘の教えを密教と呼ぶ。日本においては、平安初期に弘法大師・空海が開いた真言宗と、伝教大師・最澄による天台宗が密教の法流を伝えたが、前者を、空海の都における活動拠点となった京都、東寺にちなんで東密、後者を台密とも呼ぶ。天台宗が、密教の体系を整えたのは、最澄門下の円仁、円珍が九世紀に求法のため入唐してからで、空海は、その主著『十住心論』において、真言宗のみを密教とし、その他の宗門を顕教とした。ちなみに、入唐求法し、慈覚大師・円仁、安慧のあと比叡山延暦寺の座主に就いた智証大師・円珍の母は空海の姪に当たる。密教の生成と仏教史における意味については、次の章で説明するが、文明の場合は、家伝の『病篋鈔』がきっかけとなって真言密教と出会ったことになる。ただ、玉恵の言葉は、密教だけを修めろというわけではなく、顕教を学んでからという含意もあるように思われるので、その意味するところは、広く仏教を学んだうえで密教を修行しろというものであるかもしれない。さらに「正しく修行し」「正しく道を貫くべし」と、二度にわたって「正しく」という形容詞が現われていることも重要だろう。仏教の開祖である釈尊は、真理であるダルマ（法、仏法）を悟って、ダルマに基づく正しい生活を確立しようとしたが、その教えは、正しく物事を見極め、正しく考え、そして、それを正しく語るといった「八正道」として知られている。その意味では、繰り返される道を歩めということだろうか。

「正しく」という言葉は、仏教の根本である釈尊の「八正道」に立ち帰り、正伝の仏道を歩めということだろうか。

また、すでに語ったように、友司の祖母、内田きんは『法華経』に帰依し、明治初年に横浜で布教に当たるとともに、求めに応じて除霊をするシャーマン的な女性だった。きんは、娘の玉恵が安都玉村の油井藤平に嫁いだときに帰郷し、友司の育ての親となったわけだが、故郷でも頼まれては加持祈禱に当たり、狐憑きの除霊をしたりしていたという。文明の母、伊藤よしえは内田きんの姪に当たるが、叔母きんが八ヶ岳山麓の大泉村八戸に暮らす親戚の浅川茂八の妻が狐憑きになったとき、きんが玉恵を台として使い、『法華経』で祈禱して狐落とし（除霊）をしたことを文明に語ったことがあるという。憑霊を一時的に引き受けるのが台であり、玉恵もまた、きんの祈禱に役割を果たしていたことになるわけだが、ここでいう狐憑きが、決して狐霊が憑依する現象ではないことに注意しておきたい。今日の宗教学のシャーマニズム研究では、憑霊を「トランス（trance)」や「エクスタシー（ecstasy)」、あるいは「心的分離（mentaldissociation)」と呼ぶが、それは「心的分離」という言葉が示すように異常心理状態であり、自分のなかに自分以外の主体が存在している状態を意味している。これが憑霊現象として理解されているもので、日本では古くから「狐憑き」と呼ばれてきた。狐憑きに関しては、今では民俗学からのアプローチや研究もあるが、これは世界的に見られる現象であり、西洋における「悪魔憑き」と相通じるものがある。悪魔払いの儀式に当たるのがエクソシストだが、バチカンのローマ教皇を頂点とするローマ・カトリック教会では、エクソシストは司教が任命し、現在、約三百五十人のエクソシストがその任に当たっているという。それは決して、ハリウッド映画のなかの話ではなく、バチカン公認の儀式で、前ローマ教皇、ヨハネ・パウロ二世も、その在任中に三度、エクソシストとして悪魔払いの儀式を執り行っているし、ローマ教皇庁立のレジーナ・アポストロールム大学では、エクソシストのための講座も設けられている(トレイシー・ウイルキンソン、矢口誠訳『バチカン・エクソシスト』文春文庫)。

アジア仏教圏においては、僧侶とともにシャーマンが宗教儀礼の重要な担い手であり、両者が相互補完的に人々の宗教生活に関わってきたことが、宗教人類学において次第に明らかにされているが、内田きんは、そうした意味でシャーマン的な女性だったということができるだろう。そして、その宗教的能力は、内田きんから油井玉恵に継承され、さらに伊藤友司に相承されたというのが、玉恵の言葉の意味するものだったことになる。文明は「霊能」という言葉を使っているが、この言葉は現在では、興味本位のオカルト趣味を連想させてしまうので、本書では、この宗教的能力を前節で語った仏が身につけるとされる「六神通」にならって、神通的宗教能力と呼ぶことにしたい。友司における、その力の意味は次節に語るが、友司は玉恵伯母が不動尊との感応のうちに言葉を発したときの印象を、後に、次のように語っている。

魂に染み透るようなその言葉に、わが身を捨てて、救いの道に立っていこうという心が泉のごとく湧き上がってきました。しばらくして我に返った時、伯母は頭上高く日天の印を結んで入神し、私はその前に祈っていました。

（『一如の道』）

寒修行満願、そして立照閣初の護摩修行となった二月三日から四日にかけては、文明と友司にとって、新しい生活の始まりを告げる時となった。神仏を信仰、祈願したり、経典を受持、読誦することによって、神仏の不思議な感応があることを「霊験（れいげん）」

と呼び、わが国でも九世紀の『日本霊異記』以来、霊験談を集めた多くの仏教説話集が編まれてきたが、文明にとっても、友司にとっても、玉恵伯母を通して現われた霊験としか呼びえぬ出来事に、決意を新たにしたことになる。そして二月八日、文明は、七年間勤務した石川島飛行機製作所を退職し、友司とともに宗教専従の道に入る。それは仏道ひとすじに立つことにほかならなかった。

5 霊能の意味

一九三六（昭和十一）年。この年の一月から二月にかけての寒さと雪は、きわめて印象深いものだったことを、文明は回想しているが（『一如の道』）、この年の二月には、陸軍青年将校によるクーデター未遂事件が勃発した。これは、陸軍の一部の青年将校が、政治腐敗や農村の困窮の原因と考えた政治家を殺害して、天皇親政の実現をはかろうとしたもので、当時は「帝都不祥事件」などとも呼ばれた。世に言う、二・二六事件である。文明と友司の生活のみならず、日本という国もまた、激動の予感のなかにあったことになる。

そうした時代を背景に、文明と友司の仏教者としての生活が始まることになったわけだが、前年十二月二十八日に、本尊として不動明王を迎えてから、寒修行満願までに起こった不思議な出来事の数々が、二人を仏道へと駆り立てることになったのは、これまで見てきた通りである。そのうえで検討してみたいのが、友司に現われた宗教的能力についてである。その神通的宗教能力は、伯母、玉恵が霊験として発した言葉によると、祖母きん（宝珠院（ほうじゅいん））、その長女、玉恵（法性院）、そして孫の友司と継承されてきたものということになるが、友司の能力は、いわゆる「神がかり」的に発現したものではなく、本尊、不動明王を迎えて、初めて本尊に感応して現われたものであり、密教における入我我入に類するものであったことは注意が必要だろう。そもそも、不動尊は、『病筮鈔』を発端とする文明の宗教的遍歴の結果として招来されたものであり、だとすれば伊藤文明と結婚しなければ、友司は不動尊と出会うことはなかったわけで、その能力も眠ったままだった可能性は否定できないし、少なくとも、これまで見てきたような経机の透視といった形では現われることはなかっただろう。

シャーマンとは、神や仏といった超自然的な存在と直接、接触できる人間を意味しているが、ルーマニアの宗教学者、ミルチャ・エリアーデは、中央アジアと北東アジアのシャーマンの事例から、シャーマンとなる条件、及び方法として、次の三つを挙げている。

（一）自然の召命（しょうめい）、つまり神仏からの「お召し」(call)、または「選び」(election)によるもの。

（二）シャーマン的職能の世襲的継承。

（三）個人的な自由意思、または部族や氏族の意思によるもの。

これを、ごく簡単に言うならば、本人の意思ではなく、神仏に選ばれるケースと、血縁関係で受け継がれていくケース、そして、自分でシャーマンであることを選んだり、ある共同体が選ぶ自称に近い場合の三つがあることになるが、友司の能力が、祖母・伯母と継承されてきたものであるとすると、それは「シャーマン的職能の世襲的継承」ということになる。しかし、その能力は、不動明王との感応によって初めて発現したわけであり、しかも、友司自身は最初、何が起こったのか分からなかったわけだから、それは仏に友司が選ばれたということを意味しており、これは「自然の召命」ということになる。友司の宗教的能力、それは多くの人が卓越したものであったことを証言しているが、その宗教能力は、世襲的なものであるとともに、神仏からの召命でもあったという両義性を持つものだったことは注意すべきだと思う。

文明に不動明王を託した仲丸奥堂師は、不動尊を文明が迎えるときに「このお不動様は貴方と云ふ方が此の世に生まれてお迎えに来られる迄、何百年も待って居たのです」と語ったという（『手記』）。また、大堀修弘も、古く由緒ある仏像は、自分を護持する行者が世に現われるまで何百年でも待っているといったことを文明に伝えたが、その意味では、文明も友司も、仲丸家で運慶一刀三礼（いっとうさんらい）の作と伝えられてきた不動明王像と、そこに降臨する不動尊の御霊に選ばれたのだということになるのかもしれない。

そして、文明との結婚によって、友司が自らの宗教的能力に目覚めたように、文明もまた、妻、友司が本尊と感応するのを目の当たりにして、自らが進む道を確信したのではないだろうか。

浦野法海師が、友司に起こったような本尊との感応が、空海の『般若心経秘鍵（はんにゃしんぎょうひけん）』にも書かれていることを文明に伝え、読むように勧めたことを文明は『手記』に書き残している。空海『般若心経秘鍵』は、大乗仏教の広く知られた経典である『般若心経』を密教家の立場で解釈した著述であるが、文明はこの時期、松永有見『日本密教史』、佐伯興人『秘密仏教護摩』といった、さまざまな密教関係の本を読破するとともに、二月二十一日には、浦野師から五大尊護摩法を受法し、自ら護摩の修行も重ねている。五大尊とは、五大明王、すなわち中心たる不動明王と、東西南北に配される降三世・軍荼利、大威徳、金剛夜叉の四大明王を言い、この五大尊の壇を連ねて修する護摩が五大尊護摩法である。その日以来、文明は毎朝、護摩を修し、一週間の結願を終えたとき「無論、妻も大変よろこんだ」という記述が残されているが、こうした控え目な一行からも、文明と友司にとって、仏教者としての生活は、意にかなうものであったことが分かるように思われる。文明も友司も、それぞれに宗教的な背景を背負っていたが、それが出会うことによって、二人が仏教者としての道を歩み出すことになったのは、仏意としか言えないものだったのかもしれない。

　もちろん、憑霊や神秘的な宗教体験などは信じられないという人も少なくないだろうし、キリスト教の悪魔憑きは、すべて精神医学で説明できると主張する科学者もいる。むしろ、それが合理的な態度というものだろう。しかし、宗教とは、決して教理や教学で終わるものではない。仏教はたしかに厖大な思想的体系を持っているが、それだけを取り出すと、存在論や認識論といった哲学になってしまうし、宗教生活上の規範である戒律は、およそ倫理学と大差ないうえに、どの宗教であっても大きな違いがあるわけではない。イギリスの人類学者、ヨアン・M・ルイスは、宗教の本質が「信仰、儀礼、霊的体験」にほかならないことを指摘し、とくに「霊的体験」の研究の必要性を説いたが、宗教とは、本質的に、そのようなものであり、釈尊がそうであったように、個人の内的体験から始まるものである。

そして、伊藤友司の場合も、それは同じであったと言うことができると思う。

Ⅳ　仏道

1　未知の生活へ

不動明王像を本尊として迎えてから、見えない力に促されるように宗教家として立つことになったとき、文明（ふみあき）は二十九歳で、友司（ともじ）は二十三歳。まだ若い二人にとって、それは未知の生活の始まりにほかならなかった。文明と違って、友司は日記やメモさえ残しておらず、彼女が何を考え、どう思っていたかを本人の言葉で知ることはできないのだが、ここでは当時を回想した文明の言葉を見ておこう。

それは正に未知、未見の世界であった。

昨日までは間違いなく一定の収入があって安定した暮らしをしていたのが、家賃がどこから入ってくるのか、日々の生活費がどこからどのように入ってくるのか、一切が不明になったのである。私たちは、まだ一度も、そういう経験をしていない。み仏とともに……とはいいながら、現実は一切が不明であり、未知であった。

み仏と共に歩むのである。やってみればわかる。——このような信念に立っての毎日、毎日が、未知の世界のベールを一枚、一枚剝(は)いでいくような思いであった。しかもその毎日は、早朝から深更(しんこう)まで、修行から修行への連続であって、生活問題に思案をめぐらす余裕がなかった。といって、米が天から降ってきたわけではない。忽(たちま)ち、一粒の米もない日がやってきた。（『一如の道』）

仏道を邁進するあまり、文明は生活に思いを巡らすことができなかったようだが、当然のように、その負担は友司の肩にかかっていったことだろう。一度は文明の出家に反対したものの、不動尊との感応によって夫と共に仏道を歩むことを決意したとき、友司は「主人の歩む道はここにある。み仏と共に衆生済度(しゅじょうさいど)のこの一路にある。どんなに苦しかろうと、必ず共にやりぬいてまいります」と本尊に誓ったという（『一如の道』）。不動の決意で宗教者としての生活を選んだ友司だけに、決心が揺らぐことはなかっただろうが、並大抵の苦労ではなかったことは想像に難くない。

不動尊を安置してから立照閣と称するようになった伊藤家の隣家に暮らしていた中村邦子氏は次のように証言している。

友司さんはよく落雁を持ってきて下さいました。当時は八日、十八日、二十八日と、八のつく日にはお護摩を焚いていましたから、その時のお供えの残りでしょうけど。

それから、生活が苦しくなってからは、お台所から「お味噌貸して下さい」なんて、おいでになりました。郷里から送ってくると、返しにいらっしゃいましたが……。それから、田舎から何かを送ってもらうと、すぐにお裾分けして下さいました。いつの時だか羊羹を頂いたことがあります。御主人が京都へいらした時かもしれませんね。

文明は「一粒の米もない日がやってきた」と書いていたが、友司は米や味噌にも事欠くような生活のなか、まだ幼い二人の子供を抱え、文明を支えた。魚が食卓に載ることなど、めったになく、二年間というもの、伊藤家ではイワシ一匹さえ食卓に上ったことがなかったと友司は回想している。しかも、洗濯といえば井戸水を汲み、盥(たらい)に洗濯板で手洗いするなど、家事すべてが現在とは比較にならないほど大変だった時代である。しかし、友司は、いつも和服に真っ白なかっぽう着(ぎ)を身につけ、家のことを切り盛りするだけではなく、信徒の世話をし、さらに文明と共に修行を重ねていたのだから、その苦労は想像を絶するものがある。

　しかし、余裕などあるはずもないそうした生活のなかでも、中村邦子氏の談話にあるように、友司は借りた味噌をきちんと返すばかりか、お供物のお裾分けまでしていたのだから、その心配りの細やかさには驚かざるをえない。それは、日常生活のなかでも仏道を歩もうとした彼女の姿を伝えるものと言えそうだ。当時、弟の家に居候(いそうろう)しながら立照閣に通い、文明、友司と生活を共にしていた書生の青年がいて、朝食のときに着いたりすると、友司が食事を勧めたことを回想している。辞退しても、友司に促され、結局、青年は食卓につくことになるのだが、彼が食べるとき、友司は一食、抜くことになるのだった。

一方、宗教家として立つことを決意した文明も、大きな問題に直面していた。本人の決意が揺らぐことは、いささかもなかったが、まず、僧籍をどこに置くかという問題があった。それは、同時に誰を師として修行を深めていくかという問題でもある。

文明は、少年時代に、一八四一（天保十二）年生まれの祖母に大きな影響を受けたことを語っているが、この祖母は、仁孝（にんこう）天皇の第八皇女で、徳川幕府の第十四代将軍、徳川家茂（いえもち）に嫁いだ和宮（かずのみや）のもとで仕えていたという（『苑史回想』）。それだけに教養もあり、仏教にも深く帰依（きえ）していたというが、文明にもっとも深い影響を与えたのは「我流の信仰では救いはなく、行きづまる」という祖母の教えだった。その言葉が意味するところは、どのような宗門であろうと、歴史を超えて受け継がれてきた法流を修行を重ねて継承していかなければならないということなのだろうが、文明もまた、その必要を感じていたのだろう。

もうひとつの問題は、『病笠鈔（びょうぜいしょう）』の信奉者を母胎（ぼたい）として集まってきた信者だった。当時は、日本が次第に軍事色を強めていった時代であり、共産主義者の取り締まりが強化されるとともに、たとえ一般家庭であっても大勢の人が集まることに当局が敏感になりつつあったのである。つまり、この時期の文明は、宗教者としての自分自身の

文明と友司に進むべき道を示した浦野法海師（前列中央に浦野法海師、その右側に文明と友司が並んで座っている）

内実を充実させるために、誰に就いて修行するのかという問題と、集まり始めた信者を、社会が納得できるように組織化していかなければならないという問題を抱えていたことになる。

ここで、文明のよき相談相手となって、進むべき道を示したのが、浦野法海師だった。

文明が宗教家として立つ決意をしてから一カ月ほど経った一九三六（昭和十一）年三月八日のこと。高尾山薬王院の帰りに立照閣に立ち寄った浦野師に、文明は、自分が抱えている問題を相談した。浦野師は、自分の場合、僧籍は京都の醍醐寺に置いているが、成田山新勝寺か

成田山新勝寺へ団参する立照講（左から6人目が文明）

ら講元先達の辞令を受け、成田山のお不動様の講である天明講を組織していることを説明し、文明にも成田山の講を作ることを勧めた。

講とは、信仰上の目的をもって組織された集団を意味し、特定の宗派に属するものから宗派とは関わりのないものまで、さまざまな形態があるが、特定の社寺への参拝を目的とする講は参拝講と呼ばれる。浦野師の天明講は、成田山の不動尊を信仰する信者の参拝講であり、浦野師は、新勝寺から先達の辞令を受けていた。先達とは、もともとは修験道のような山岳信仰で、入峰者を導く者を意味するものだったが、近世以降は、庶民の山岳信仰の参拝講や、その指導者をそう呼ぶようになったもので、参拝講は寺社の側から組織したものも多い。もし、文明が講元になると、新勝寺が組織する参拝講になるわけだから、立照閣は新勝寺の教会分社ということになる。

成田山といえば高幡山金剛寺（高幡不動）、玉瀞山總願寺（不動ヶ関不動）とともに関東三大不動として名高いが、總願寺に代えて雨降山大山寺（大山不動）、もしくは高貴山常楽院（高山不動）を数える説もある。その開基は九四〇（天慶三）年と伝えられる。関東で蜂起し、「新皇」を名乗った平将門の乱を調伏すべく、朱雀天皇の命によって、広沢遍照寺の寛朝僧正が、賊徒鎮定の護摩を修したのが始まりとされている。このとき、寛朝が奉じたのが京都の高雄山神護寺に安置されていた弘法大師・空海作とされる不動明王で、修法の甲斐あって、平将門の乱が平定されたとき、この不動明王像を安置して、「また新たに勝つ」という言葉にちなんで新勝寺と名づけられ、東国鎮護の寺院となった。寛朝は宇多法皇の孫に当たり、東寺長者まで登りつめたが、宮中で五壇法を修したとき、生身の降三世明王を顕現させたという伝説が伝えられている真言密教の大家である。

成田山新勝寺は、今日でも明治神宮に次いで全国二位、毎年、三百万人以上もの初詣客を集めるほど親しまれているが、成田山詣でが盛んになったのは江戸時代のこと。長いこと子供に恵まれなかった歌舞伎役者、初代市川団十郎が成田不動尊に祈願したところ、長男、九蔵(くぞう)（のちの二代団十郎）を授かったので、深く成田山に帰依し、不動明王を取り入れた荒事(あらごと)と呼ばれる芝居を演じて、当時の江戸っ子を熱狂させた。二代団十郎も襲名するとき、二十一日間、成田不動尊に名優になれるように祈願したが、この成田山信仰は市川家では代々の団十郎に受け継がれ、庶民の成田山詣での流行を呼び起こすことになる。その人気の高まりから、江戸時代には出開帳(でかいちょう)がたびたび行われたほどだった。開帳とは、本尊を安置している厨子(ずし)を開け、参拝客がじかに仏像を拝めるようにすることだが、出開帳は、本尊自体を江戸まで持っていくわけだから、言うならば不動明王に出張してもらうことになるわけで、今になると、いささか奇妙な話だが、それだけ庶民の信仰を集めていたということなのだろう。

浦野法海師は「特に関東は成田山の護持が強いと云ふか、不動信仰と言へば先(ま)ず成田と言ふことで、講中を設定しなければ普通の家庭に人を集めることは段々出来なくなって来ます」と文明に語ったという（『手記』）。

あたかも不動明王像自らの意志としか思えぬ不思議な経緯で文明が迎えることになった不動明王を護持するというのは、文明が負うべき使命だったし、同時に成田山の講であるならば、誰にもはばかることなく宗教活動に専念できるわけで、浦野師の勧めは、時局も考慮した適切なアドバイスだったと言ってよい。

この勧めにしたがって、三月の二十八日、文明は立照閣に成田山新勝寺の講を結成、講名を立照講とし、五月十六日に浦野法海師の天明講と合同で成田山に参拝、立照講結成の手続きを終えている。新勝寺の荒木照定貫主から「教会分社成田講」の講元辞令を受けたのは、六月二十九日のことだが、ここに至って、それまで文明の不動尊の私的な信奉者は、新勝寺の教会分社、立照講の信者ということになり、社会的な形式を整えることになったのだった。

さらに、文明は成田山への最初の参拝のわずか二日後、何かに急かされるように浦野師とともに夜行列車で京都へ向かう。そして翌十九日に醍醐寺に上山、醍醐寺第九十六世座主、佐伯恵眼大僧正に従って三宝院で得度受戒する。僧名は、かねてから考えてあった天晴。真言密教の僧、伊藤天晴の誕生であり、友司が透視した法衣を着て経机の前に座り、人々の相談に乗る姿は、四カ月を待たずに現実のものとなったのだった。

2　試練

本尊を迎えてから半年ほど、七年間勤めた航空機のエンジニア職を辞してから百日ほどで、文明は千年を閲（けみ）する歴史ある古刹（こさつ）、真言宗総本山、醍醐寺に僧籍を置く出家修行者になるとともに、立照講は成田山新勝寺の分教会となって、公私ともに公（おおやけ）の立場を得ることになった。醍醐寺で得度してからの文明のことは、僧名である天晴と呼ぶことにしたい。

友司は、この変化を「恵まれたサラリーマン生活から、無一物になって、収入のあてのない信仰の道に入るとき」と後に述懐しているが、それは友司が確信をもって臨み、天晴の意志によるものだったとしても、世間から見れば、進んで貧困と困難を求めるものに映ったことだろう。

立照講を組織し、醍醐寺で得度するうえで大いに世話になった浦野法海師にも、ろくに報いることができなかった心苦しさを、天晴は『手記』に記している。

霜の朝に、雪の夕に百度百杯の清浄水を頭上から頂き御法（みのり）を頂く尊さは解っていても、又浦野師の愛情に報ゆる感謝も乏しい生活の中には思ふ様な布施（ふせ）、法礼は為す事が出来なかった。友司自体もその時々に対して辛いことであったろう。子供に与えるおやつも、こわれた供物の落雁をあげながらも、私達を思って来てくれた浦野師には尽くしてくれた。

友司もまた、恩義ある浦野法海師に、思うような御礼ができないことを心苦しく思っていたわけだが、仏道を求める心は揺らぐことはなかったものの、生活は一変したのも事実だった。友司はときに隣家に味噌を借りに行かなければならないような暮らし向きを、支えていかなければならなかった。

信徒が加持祈禱（かじきとう）を頼むときは、「おひねり」を包んだが、それはお米や野菜のこともあったし、現金の場合は、当然、硬貨だった。当時、流通していた硬貨は、一銭銅貨、五銭と十銭のニッケル貨、五十銭銀貨の四種類。なかでも、一九二二（大正十一）年から発行されるようになった「向かい鳳凰（ほうおう）」デザインの五十銭銀貨は縁がギザギザなので「ギザ」という愛称で呼ばれ、日常生活の主役だったが、これが今の千円ほどに相当する。おそらく、天晴が加持祈禱を修しても、受け取っていた法礼は、今の数百円ていどのものだったのではないだろうか。しかも、参拝は熱心に来るものの、わずかな「おひねり」さえ惜しんで、加持は決して頼まず、「先生は欲がないんですし、信心はお金ではないんですから、それでいいでしょう」と語る富裕な商家の御婦人もいたらしい（『苑史回想』）。こんな調子なのだから、立照講時代の天晴と友司には、ろくに現金収入がなかった。

当時のお手伝いだった坂上かね氏は、天晴と友司のイワシ一匹が食卓に上がることのない様を見て、実家から煮物を届けたり、お正月には、母親が重箱にあれこれ詰めて立照閣に届けたことを回想している。

なにしろ、不動明王を迎えてから、仏具や法具を揃えて御本尊を荘厳（しょうごん）するためにも予想外の出費が、かさんでいた。在家の修験道行者の法衣（ほうえ）である「篠懸（すずかけ）」を買うお金もなく、立照講初の成田山新勝寺への団参のときも、天晴は、浦野法海師から法衣を借りたものの、着つけがうまく行かず、酔った他講の先達に「小僧（こぞう）先達のざまを見ろ」とあざけられる始末。醍醐寺で得度式に臨むに当たっても、一着三十円の篠懸や、六円の磨紫金袈裟(ましこんけさ)を作る余裕はなく、結局、醍醐寺で修験道の護摩の法衣「掛け衣」と「結袈裟(ゆいげさ)」を借用し、かろうじて得度式(とくどしき)に参座できたのだった。

しかし、天晴の苦行に次ぐ苦行のような修行はとどこおることなく続けられていたし、友司は家庭を支えるばかりか、前出の坂上かね氏は、友司が朝早くから、夜も十一時、十二時まで天晴と修行をともにしていたことを語っている。天晴にしてみれば、友司の卓越した宗教的能力は、自らの修行にも指針を与えるものだったのだろう。しかし、朝から晩まで続く修行に参座したうえで、食事の準備や洗濯などの家事もこなし、さらには、天晴が席に着くまで食事の箸を取ることはなく、夫より先に休むこともなかったというのだから、友司の覚悟と精神力は、なまなかなものではない。天晴と友司の関係は、まるで二人の修行僧のようなものだったと言ってよい。

当時のことを、天晴は次のように回想している。

信仰専従の生活に入った私共一家は、日夜分かたぬ修行の明け暮れに肉体的にも極限に至り、物質的にもたちまち窮乏(きゅうぼう)し、まさに冬野のように荒涼(こうりょう)とした様(さま)になりました。そうした中に、当時数えで三歳だった智文(ともふみ)の無邪気な動作が、わが家の唯一の〝いこい〟でした。（『苑史回想』）

「冬野のように荒涼とした様」という表現から、そのころの日々が、どれだけ肉体的、精神的に大変なものだったかを推測することができるが、そうしたなかで満二歳に満たない長男、智文の無邪気な様子が、天晴と友司にとって大きな慰めとなったのは、想像に難くない。可愛い盛りの智文の笑顔は、二人にとって、厳しくも荒涼たる日々のなかに射し込む陽光のように思えたことだろう。ところが、天晴が立照講を組織し、醍醐寺で得度した五月の終わりから、智文は体調を崩すようになったのである。

六月に入っても、智文の熱は下がらず、天晴と友司は信徒の相手をするかたわらで、智文の看病をした。それ以上に、天晴は急病人の加持祈禱に追われた。天晴は「それにしても此の所あまりに病人が多すぎる。求めて来る人は皆病人だけだった。結核、肺炎、全身リュウマチ、小児疫痢」と『手記』に書いているが、智文が病人と同じ症状を示すところから、信者の間では「智文さんは、信者の病気災難を全部引き受けて下さっている」という声が上がるようになり、天晴も「一体此れはどうした事であろう」と疑問を書き残している（『手記』）。

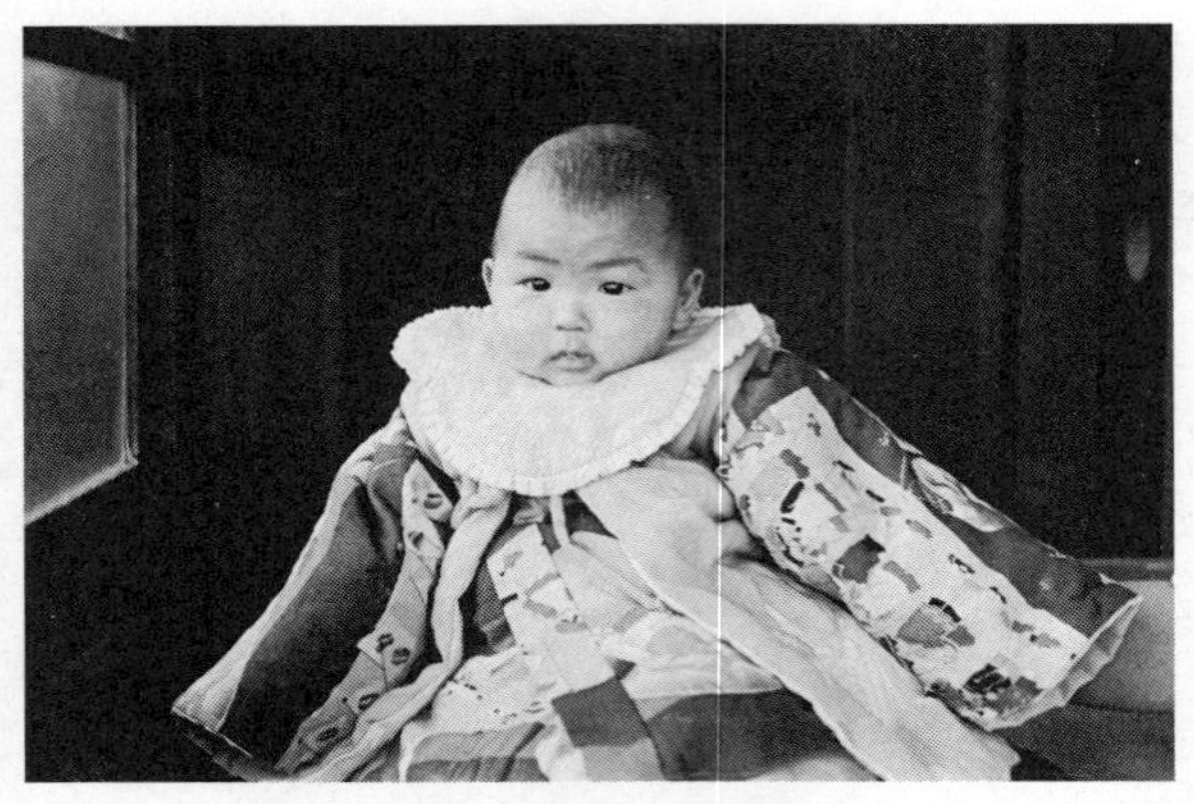

窮乏の中で天晴と友司の心を癒した長男・智文

天晴と友司は、日中は信徒に、夜は眠らずに智文の加持と看病に当たり、寸暇を惜しんで『般若心経』と真言を誦し続けたという。そして、六月八日のこと。智文は回復しかけているのか、小康を得たように見えた。この日は八の日なので護摩法要は一日、三座。夜になると智文は、さらに落ち着き、平常に戻ったようだった。最後の五大尊護摩は午前零時を回って、六月九日になってから修することになったのだが、このとき異変が起こった。五大尊護摩の秘法を修し終えるとともに、智文は幼い命を閉じたのである。

このときの天晴と友司が受けた衝撃は、どれほど大きく、そして、悲嘆は、どれだけ深いものだったろう。友司は、このとき二十四歳である。まだうら若い母親にとって、幼いわが子を腕の中で見送ることは、身を引き裂かれるような思いであったに違いない。天晴は、そのときの友司の様子を次のように語っている。


すべてをなげうって、道ひとすじの歩みを始めて四カ月、そしてまず与えられた事象が愛児の死という悲嘆であった。

――み仏とはこのように無慈悲なものか。

――み仏の道はこのように苛酷なものか。

――み仏の慈悲とは一体何か。

と妻はもだえ、かつ悲愁(ひしゅう)に沈んでいた。

（『一如の道』）


護摩を修し終えた天晴は、わが子の最期を予知したのか、涙ながらに智文を友司の手に戻し、悲しみのさなかでの仏への帰依を友司に語った。智文急逝から十三年後に発表された友司自身の回想を見てみよう。

静かにご宝前に向き直って、重ねて、みほとけのご尊容を仰いだ時、言葉では何とも表せない感に打たれて、ただ涙をもって祈り続けるばかりでありました。ふと、智文を抱いている手に軽いショックを覚えた時、最期の時が近づいたのでありました。これは……と感じ、思わず〝真言〟を止めて、「坊や、坊や……」と連呼いたしますと、頬寄せる私の声に気がついたのか、「ウウウウム……」と苦しい声を残したきりで、母なる私の膝に抱かれたまま深い深い眠りに――死出の旅路に旅立ったのであります。

あの時、智文は決して満足して死んで行ったのではありません。いかにみほとけのみことばとはいえ、可愛い子供に重い荷物を負わせていく若い母の心境は、ややもすると乱れ勝ちでありました。母のふところに長く長く留まりたかったでしょう。

（『一如の道』）

天晴も後に「その可愛い姿は今も瞼の底に生きている。私たちにとっては正に掌中の珠にも等しかった」と智文のことを回想しているが、友司も天晴も、終生、智文の面影を心に抱いていたに違いない。

「み仏の慈悲とは一体何か」。そう問わざるをえないような愛児の死。仏道を歩むとは、これほどまでに苛酷なことなのか。

それは、まだ若い二人にとって、あまりに大きな試練だった。

3　滝行

智文の葬儀は翌日、初めての立照講葬として執り行われ、導師は立川の普濟寺の僧侶がつとめた。玄武山普濟寺は、一三五三（文和二）年開創と伝えられ、多摩地方に十八の末寺を有する臨済宗建長寺派の古刹である。

行年、一歳十カ月。法号、智文善童子。

子供に先立たれた親は、霊柩車に乗ることはできない。智文のお骨拾いを幼い長女に託し、多摩火葬場に向かう車を友司は見送った。その心中は、いまだ千々に乱れていたに違いない。一方、天晴は天晴で、決して癒えることのない悲しみのなか、智文の死を予知したときに、愛児の死さえも仏の慈悲のなかにあることを心に思い定めたようだ。そして、死に行く智文を抱きながら、友司が唱えていた真言は、不動明王慈

幼いわが子を見送った天晴と友司
（昭和11年6月10日。智文の葬儀にて）

救呪だったのだが、それはいつもとは違って、愛児を包み込むかのような哀切さと柔らかさと優しさが籠められた独特なもので、智文は母の口唱に新たな霊咒の音調を残したのだった。

二人は葬儀のために閉めた不動尊の厨子を再び開扉する前のお浄めのために、六月十四日の夜から翌朝にかけて、高尾山の蛇滝に、初めての滝行に出かけている。

高尾山薬王院は、七四四（天平十六）年、行基の開山と伝えられ、十四世紀の永和年間（一三七五～七八）に、京都、醍醐寺の僧、俊源が入山、不動明王を祈念して中興したと伝えられている。た

愛児の死から天晴と友司は、高尾山の蛇滝で滝行をつづけた
（写真は天晴）

だし、俊源は醍醐寺の俊盛の弟子とされているが、生まれも事跡も薬王院以外には伝えられておらず、伝説上の人というのが通説になっているようだ。蛇滝は古くから修験道の道場だったらしく、今日では琵琶滝とともに一般信徒にも開放されている。蛇滝に祀られているのは青龍権現で、もともとはインド由来の龍王とされ、唐、長安（現在の西安）の青龍寺の鎮守神であったが、青龍寺で修行し、密教を相承した弘法大師・空海によって日本に勧請され、密教の守護神として京都、高雄山神護寺に祀られた。天晴が修行することになる醍醐寺にも護法善神として祀られているが、真言密教

では雨乞いの修法である祈雨法の祭神にもなった。真言宗での一般的な表記は清瀧権現で、これは空海とともに海を渡ってきたため、水を表わす三水偏（さんずい）が付けられたというが、高尾山薬王院では青龍権現と呼ぶ。

天晴と友司が初めて訪れたときは、梅雨どきのせいもあって、前日まで降りつづいた雨のために滝は水勢を増していたが、二人は無事に滝行を終えた。滝の水が相当に強かったことを天晴は記録しているが、青龍堂を守る銀髪の老婆が「今日みた様な大滝では相当な行者さんでも一寸（ちょっと）かかれません。実は初めてだと言ふので心配していましたが、大した方ですよ」と感心し、友司のことを「奥さんお若いのによく滝行中にお不動様が感応しましたね」と言ったことを『手記』に書きつけている。長年、滝行をする行者を見つづけていると、行者が本尊と感応し、入我我入（にゅうがにゅう）のうちにあることが分かるようになるのだろうか。後に友司はこの滝行のことを次のように回想している。

わたしが初めてお滝に這入った時、やはり感応し、お滝の中で蓮華印を結んでいたわけなのです。そうした時、そのお婆さんが見ていて、「初めてお滝に這入ったんですか」と言いますから「そうです」と申しますと、驚いて居りました。ですから、自分の力でお滝に這入ったのではなかったのですね。やはり、仏の力によって浄めさせて頂いたわけです。（中略）夜のおつとめが十時に終り、終電車で高尾へ行き午前二時のお滝、そして一番で帰って、お護摩をたきました。

（『歓喜世界』一九五九・七）

そのとき、天晴と友司は高尾山を越えて蛇滝まで行ったらしい。その後、近道を見つけたが、それでも当時は浅川駅といった高尾駅から四キロの山道で、暗く細い山道を高張り提灯を持って進むのだから、二時間近くかかる。蛇滝には電気もなく、蠟燭（ろうそく）のかすかな灯りが点るなか、ただ滝音だけが暗闇に木霊（こだま）していたという。二人は愛児を失った悲しみを、さらなる行によって乗り超え、智文への回向（えこう）にするとともに、この悲劇を仏へのより深い帰依をうながすものとして受け止めたのだろう。

天晴と友司の蛇滝での滝行は、このときから二十年間、つづけられることになる。蛇滝は山上にあるため、夏でも冷たいというよりは痛いほど、冷涼の気をたたえているが、冬ともなると滝のあたりには、ひと抱えもあるような巨大な氷柱（つらら）が垂れ、濡れた手拭いが棒のように凍る日さえあったという。天晴と友司は、厳寒のなかでも滝に打たれて夜明けまで祈りつづけ、そのまま暖もとらずに始発で帰り、護摩をたくという、それは厳しい行だったことを当時を知る人が語っている（『創の悠恒に』）。

実際、智文の死をきっかけに、天晴の修行は、厳しさを増し、いよいよすさまじいものとなっていった。冬の滝行、炎暑の夏には腕に蠟燭を立てて手蠟の行。この行は蠟が尽きるときに肌を焼き、火ぶくれが出来るほどの熾烈な行だが、その痛みに気をそらすことなく、祈りを深め、三昧に入っていくことを主眼としている。

「三昧」はサンスクリットの「サマーディ」の音写で、心を静めて対象に集中することを意味しているが、天晴も苦行のなかで、本尊たる不動明王と一体化する入我我入を観じていたのだろう。天晴は京都と東京を往復しながら、醍醐寺で真言密教の奥義を修行するとともに、立川では、信徒の相談に乗り、加持祈禱を修するだけではなく、読経と自身を責めやつす行で、祈りを深めていった。インドの宗教では、タパス（苦行）とヨーガ（瞑想）が修行の両輪となっており、釈尊の場合も、出家後、苦行を重ね、瞑想によって悟りを開いたわけだが、この時期の天晴は、仏教者としては苦行期にあったということができるのではないだろうか。そして、天晴の修行が厳しさを増すということは、友司もまた、さらに厳しい毎日に踏み出すことを意味していた。当時の二人を知る内弟子は、天晴と一緒に銭湯に入ったとき、天晴は肋骨がすべて浮き出し、まるで網で編んだような身体であったことを述懐しているし、それは、まるで『方広大荘厳経』にある断食修行中の釈尊を思わせるものだったという。この内弟子は、当時の友司も「痩せてるなあ」と思わざるをえない身体つきであったことを回想しているが、それは、貧窮を極める生活のなか、二人が怠ることなく修行を重ね、仏道を歩んでいたことを物語るものなのだろう。

翌、一九三七（昭和十二）年。天晴・友司夫妻には、嬉しい出来事が続いた。前年、長男を喪った二人に、まるで智文の代わりのように次男が誕生したのである。この次男は、天晴によって友一と名付けられたが、命名の理由を「字義に執われず、呼ぶによく名乗るによく書いてやさしく、一切と和合して友と為し、それも亦絶対の一に帰する名義を以って名付けたものである」と天晴は『手記』に記している。お産を前にした友司に、天晴は大事を取って寒修行のときから水行を止めるように言っていたらしい。ところが、三月二十八日のこと、この日は本尊、不動明王に護摩を奉じる日であるから、早朝に天晴が水垢離を取ろうとすると、すでに友司は水垢離を終えたあとだった。天晴に尋ねられ、友司は水行は止めているが、今日は二十八日なのでお浄めだけしましたと答えたという。友司の仏道を歩む気持ちは、お産の前でも甘えを許さぬほど強いものだったことを伝えるエピソードだと思う。

　さらに、この日、護摩を修し終えたあと、不思議なことが起こった。三鷹に住むある婦人教徒がタクシーで立照閣を訪れ、「こちらに四月八日に男のお子さんが生まれますから、仏子としてお育て下さいますように」と言って、紅白の羽二重の布団を寄進したのだ。天晴は、まるで理解できなかったことを『手記』に記しているが、その婦人の言葉通り、友一は、四月八日に誕生した。それは奇しくも降誕会の日、つまりは釈尊が生まれた日にほかならなかった。

　この年、六月に天晴は浦野法海師とともに醍醐寺に上山、権律師に補任されると同時に、行法加持許可、さらに分教会の設立を許可されている。これによって、天晴は正式に加持祈禱を修する資格を宗門から認められ、醍醐寺の末寺として分教会の設立を許されることになったわけである。また、昭和十二年は七月七日に盧溝橋で日中両軍が交戦を始めたのをきっかけに、日本と中国が全面的な戦争に突入した年であり、「戦時下」「非常時」といった名目で、言論や思想が統制されるとともに、家庭での集会も監視され、十人以上の人間が集まるときには、警察に届けを出さなければならなかった。天晴の立照講は成田不動尊の講元ではあったが、寺院でも教会でもない。時局を考えると、醍醐寺の末寺として、お堂を建立しようという声が、世話人や信者の間からも上がるようになった。もともと、立照閣は親子四人のための伊藤家の居宅である。当初は三十人ほどだった信者も、この年の暮れには二百人ほどに増え、信者が集まる日には立錐の余地もないほどで、手狭になっていたのだ。

また、この時期には、天晴のことを、会社を辞めた素人がいきなり祈禱師になったように中傷する人もあったし、わが子を救えずして何の信仰かという心ない声もあったことを友司は回想しているが、天晴は次第に「若いのに行が達者だ」という評判が立ち、「立川の天晴さん」などと呼ばれるようになった。立照講に盛んに人が集まるのを見て、心よく思わぬ他宗の行者もあったという。そんななかで、九月十四日に、天晴は、浦野法海師の師伝によって火生三昧の法を修している。火生三昧は、正しくは火生三昧耶法と言い、仏の智慧を象徴する火焔でもって、衆生の煩悩と罪障を焼き尽くすという行法だが、具体的にどういうものかというと、炭を敷いて火を熾し、盛んに燃える火床の火を修法で火伏せし、行者と信徒が火床を渡っていくというもので、いわゆる「火渡り」である。

天晴は立川航空神社で、十四俵もの炭を敷いて火を熾し、幅一・五メートル、長さ五メートルの火床を作ってから、修法に入り、浦野師の「火は伏せった！」という声で我に返ると、真っ赤に燃える炭のなかを、裸足のまま渡っていった。そして、信徒も天晴のあとに従って、次々と渡っていったが、誰ひとり火傷する者はなかったのである。この行は、挙行前から立川で評判を呼び、多くの人たちが見物に参集していたが、驚きに目を見張ったという。

この火生三昧の法が、いよいよ天晴の評判を高めたのは間違いない。翌年、四月の成田山新勝寺の開基一千年祭には、立照講の団参の参加者は五百五十名になっており、二年前の五月、初めての団参が四十三名であったことを考えれば、信徒は二年間で十倍以上に増えていることになる。当初、天晴は自宅でもある立照閣に、仮道場を増設することを考えたが、これは計画なかばで家主の反対にあい、実現しなかった。

結局、天晴と友司は祈念のうちに仏意をただし、立川の諏訪(すわ)神社の西隣、見渡すかぎり、一面の桑畑だった土地の一画を、寺院建立用地として、借地契約を結ぶことになる。一九三八（昭和十三）年、三月七日のこと。

ここに建立されることになるのが、真言宗醍醐派、立川不動尊教会、のちの真澄寺だった。

4　菩提寺と信徒寺

関西で広く知られる言葉に「醍醐の拝み屋、高野の説教坊主」というものがある。これは、空海が入定した高野山金剛峯寺の僧侶は、葬式や法事で説教ばかりしており、京都の醍醐寺はというと、信徒の依頼に応じて加持祈禱ばかりしていることを揶揄したものなのだが、ある意味では、日本の寺院の性格を言い表わしたものと言えるだろう。

寺院は、その性格から菩提寺と信徒寺に大別することができる。菩提寺は、地域社会に密着し、檀家の葬儀や法事など、死者の供養をもっぱらにするもので、回向寺とも呼ばれるが、それに対して、信徒寺とは、檀家だけではなく、遠方からも求めて来る信徒に応じて加持祈禱を修して、信徒の現世的な利益をはかることを目的としており、祈禱寺と呼ばれることもある。このふたつの要素を合わせ持つ場合もないわけではないが、現在、寺院と言われたとき、まずイメージするのは、前者の菩提寺なのではないだろうか。寺と聞けば、葬式か法事を連想してしまうのが、平均的な日本人というものだろう。

高野山金剛峯寺は、八一六（弘仁七）年に空海が密教修禅の道場として開創した真言宗の総本山だが、時代が下るにつれて、その性格を次第に変化させていった。通常、高僧の死は「入滅」「入寂」「遷化」などと表現されるが、空海だけは「入定」の語を用いる。ところが、入定とは、死を意味する言葉ではなく、本来は瞑想を深めて意識を集中し、妄念に乱されることのない状態を意味しており、初めは、空海の死も入滅と表現されていたが、十世紀に仁海（東寺長者、東大寺別当）が「入定」として以来、空海は高野山で生きたまま禅定しているという空海入定伝説が広まっていくことになった。この伝説を広めたのが、高野聖である。

高野山は伝統的に、学侶・行人・聖によって教団が構成されていた。学侶は密教修行に専心する学僧であって、仏法のことを司り、行人は山内の俗事や寺務を担当し、堂衆とも呼ばれた。これに対して、全国を勧進のために行脚し、弘法大師信仰を広めたのが聖であり、高野聖と呼びならわされた。そして、彼らは平安時代の終わりから、もうひとつの役割を果たすことになったのである。

それは、平安末期から流行した末法思想をきっかけとするものだった。これは、釈尊入滅から時代を経るにしたがって、教えが守られる正法、教えが形式化、形骸化する像法、そして、教法だけは残るが誰も救われることのない終末的な末法の世となるという歴史観に基づいた考え方で、六世紀ごろにインドで成立したとされている。この正法・像法・末法の三時の期間については、古来、諸説があったが、日本では、正法一千年、像法一千年、末法一千年の説が採られ、最澄の著作と信じられていた『末法燈明記』によって、一〇五二（永承七）年が、末法の世の始まりとされた。末法思想は、貴族から庶民まで社会全体に広がり、無常観・厭世観から、死後、浄土往生を願う浄土信仰が広がることになった。この流れのうえに成立したのが法然上人の浄土宗、親鸞聖人の浄土真宗である。

日本では古代から、山岳に聖性を見い出す山岳信仰があった。『古事記』『日本書紀』の天孫降臨に見られるように、山は神々が天降る聖地であり、『万葉集』の挽歌の多くが、死者の霊魂が山上へと漂っていくことを歌っているように、山は死者が昇っていく霊地でもあった。また、山自体が御神体として崇拝の対象となる事例も枚挙に遑がない。こうした山岳観がベースとなって、浄土信仰でも、本来は「西方十万億土」にあるとされる阿弥陀如来の極楽浄土も、わが国では、霊山に浄土を観じるものと変化した。これを「山中他界観」と呼ぶが、左右に観音・勢至の二菩薩を脇侍としてしたがえた阿弥陀仏が、臨終の人を浄土に迎える中世の「阿弥陀来迎図」で、阿弥陀三尊が山の頂から雲に乗って降下するように描かれているのも、そのためだという。そして、浄土信仰が朝野に広まり高野山に及ぶに至って、高野聖が諸国を巡り、遺骨を高野山に納めれば浄土に往生するという「高野山納骨」を告げて歩き、これが宗派の垣根を超えて広がっていった。この「山中納骨」は、遺骨が山上の霊魂と再会を果たし、魂と骨が合体することで山中における浄土往生が実現するというコスモロジーを形成していることを、宗教・民俗学者、五来重や山折哲雄が語っているが、この高野山納骨が、高野山を日本の霊場とする始まりとなったとされている。そして、戦国大名の帰依、豊臣秀吉、徳川幕府の庇護を受けるに至って、高野山は「日本の総菩提所」と呼ばれる霊場となった。実際、金剛峯寺から約二・五キロ、一の橋を渡って、弘法大師御廟である奥之院前の玉川に架かる御廟橋まで、約二キロの参道には、武田信玄、上杉謙信、伊達政宗といった名だたる戦国武将から名もない庶民のものまで、数十万もの墓が、折り重なるように広がっており、総菩提所という呼び名も納得せざるをえないものがある。

それだけに、高野山が回向をもっぱらにしなければならないのも当然で、「高野の説教坊主」とは、高野山の僧が葬儀や法事で、説教ばかりしていることを皮肉(ひにく)ったわけである。もちろん、高野山金剛峯寺が真言密教の根本道場であり、いまだに行者は修行にいそしんでいるのだが、庶民の目には葬儀のほうが目につきやすいということなのだろう。

それに対して「醍醐の拝み屋」とは、醍醐寺の僧侶が加持祈禱ばかりしていることを語るものであるのは、言うまでもない。

豊臣秀吉の「醍醐の花見」の舞台となった醍醐寺は、花の寺としても知られている。一山の中心である三宝院(さんぼういん)の大玄関前の大木は、推定樹齢百五十年。国宝に指定されている三宝院の唐門には、「十二弁の菊」と「太閤桐」の紋が桃山様式のおおらかさを見せ、絢爛(けんらん)たる時代の名残りを、今に伝えている。

そもそも、醍醐寺は、八七四（貞観(じょうがん)十六）年に、聖宝(しょうぼう)・理源(りげん)大師によって開創されたと伝えられ、皇子のない醍醐天皇の依頼で、聖宝が授児法を修した結果、子供に恵まれた天皇の帰依を受け、勅願寺となったことをその濫觴としている。勅願寺とは、天皇の勅によって創建された寺や天皇が特別に帰依する寺を意味しているが、発端が聖宝の修法にあったということが、醍醐寺の性格を物語るものであるかもしれない。聖宝は天智天皇から六世の孫に当たり、十六歳のとき、空海の実弟、真雅を師に東大寺で出家した。修行時代にも大蛇と化した鬼神を退治したというエピソードが『東大寺要録』に見えるが、修行、研鑽を積んでからの卓越した験力は、吉野の金峰山から巨大な巌を持ってきたため「強力の人」と呼ばれたという怪力伝説や、子供を背に讃岐(香川県)から京都に「ほどなく」到着することができたという駿足伝説として『元亨釈書』や『真言伝』に伝えられている。

また、役行者を慕って山林修行に励み、役行者以来、絶えていた金峰山への道を開き、入峰修行を再開したとされることから、「中興の祖」とも呼ばれた。金峰山には大蛇が棲みつき、入峰しようとする行者を喰らっていたが、聖宝がこれを退治したので入峰修行ができるようになったという伝承もある。この大蛇とは、修行者を阻む峻険な峰々の象徴だったのだろうか。

歴史上の聖宝は、諸寺で三論宗、法相宗、華厳宗も学び、八六九(貞観十一)年の興福寺維摩会では、衆議を論破し名声を馳せた学僧でもあるのだが、伝承が伝えるのは、むしろ、類稀な法力を持つ密教行者の姿であるところが面白い。そして、醍醐寺において、開山たる聖宝・理源大師が弟子たちに示した理念が「実修実証」だったのである。

この言葉は読んでその通り、実際に修行した結果を現実に証明しろというものであり、逆に言えば、修行したならば、修法の結果は必ずや現実に現われるということにほかならない。つまり、行者が病気平癒の祈願をしたならば、病は癒えなければならないわけで、そこまで言えるのは、「実修実証」という理念が、聖宝自身の経験に裏打ちされたものだったからなのだろう。こうして、醍醐寺には、真言密教と修験道ふたつの法流が受け継がれ、室町時代には法流本寺として隆盛を見ることになるのだが、真言宗の寺院のなかでも修法を重んじ、加持祈禱をよく修することになったわけで、祈禱寺としての性格が強く「醍醐の拝み屋」と言われるようになったのも無理からぬところがある。

しかし、天晴が求め、友司が体現していたのは、まさに、この「実修実証」の精神にほかならなかった。天晴が宗教家として立とうとしたとき、悩みや苦しみを抱える人たちの「相談相手、またその人達の依るべ」となっていけたらと考えたことは前に紹介したが、家伝の『病筮鈔』でも、人々の相談に乗ることはできる。しかし、「依るべ」という他者のための精神的な支柱になっていくためには、自らが研鑽を積んでいくしかないし、人々の悩みそのものを解消していくためには、現世利益的なものと誤解されがちではあるが、護摩を始めとする加持祈禱の修法が、教学のうちに体系化されている真言密教を極める必要があると、天晴は考えたのではないだろうか。その意味では、天晴と友司が仏教者として考えていたのは、菩提寺ではなく信徒が集う祈禱寺だったわけで、実際、天晴は、経済的に楽になるので檀家を集めようという世話人の申し出を断っている。そして、真言密教の伝燈法流のみならず、真言密教系の修験道である当山派を統べる醍醐寺は、天晴の意にもっともかなう寺院であったと言ってよい。しかも、妻、友司は生得の宗教的能力で、本尊たる不動明王との感応を深めていたことも、天晴の進む道を決めることになったのだろう。

5　真澄寺落慶

子育てには追われていたものの、経済的にも恵まれ、二人のお手伝いまでいたサラリーマン時代に比べると、不動明王を迎えてからの変化は、あまりに大きく目まぐるしいものだった。それは、友司にとって、平穏な日々から波濤渦巻く荒海に小舟で乗り出すような経験だったのではないだろうか。しかし、その小舟は仏への揺らぐことのない帰依を龍骨とし、懈怠を許さぬ修行を櫂とし、荒波をくぐっては進んでいく。目指すところは、四弘誓願だったと言えるだろうか。これは、（一）存在する一切の生き物を限りなく救っていこうとする誓い（衆生無辺誓願度）、（二）尽きることのない無数の煩悩を断とうとする誓い（煩悩無尽誓願断）、（三）無量にある仏の教えを学ぼうという誓い（法門無量誓願学）、（四）このうえない仏道を修行して悟りを成就しようという誓い（仏道無上誓願成）、四つの広大な誓願を言うもので、あらゆる菩薩がともに抱く誓いであるところから総願とも呼ばれる。世俗的な欲望から離れ、仏典を学び、修行を重ね、あまねく生類を救済して悟りに至る、それは、真の仏教者が志すところのものだと言ってもよい。そして、天晴と友司は、二人でそれを目指そうとしていた。天晴は、出家修行者として、そして、友司は在家のまま、夫を支える妻として。

ここで、本尊として不動明王を迎えてからの、波瀾(はらん)の日々を整理しておこう。

一九三五(昭和十)年

十二月二十八日　立川南幸町の伊藤家居宅に、大日大聖不動明王像を勧請、自宅を仮安置所とする。友司、祈念のうちに本尊と感応、入我我入を初めて見せる。

一九三六(昭和十一)年

一月四日　天晴、友司、初めての宗教的な行となる三十日の寒修行に入る。友司は毎朝、水垢離を取って自らをお浄めしてから、天晴の水行の準備をした。寒修行のうちに友司の本尊との感応は、さらに深まる。

一月三十一日　友司、僧衣を着て経机を前に人々の相談に乗る天晴を透視。天晴に会社を辞めての出家を促す。

二月三日　寒修行の満願に、真言宗醍醐派修験道行者、浦野法海師により、初の護摩修行を厳修。

二月四日　寒修行満願の御礼法要のうちに、友司と法性院（油井玉恵）が本尊と感応、法性院が祖母からの宗教的能力の継承を伝える。

二月八日　天晴、七年間勤務した石川島飛行機製作所を退職、友司とともに宗教専従の道に入る。

三月二十八日　成田山新勝寺立照講を結成、自宅の不動尊仮安置所を立照閣と称する。

五月十六日　浦野法海師の天明講と合同で、成田山不動尊に初めて参詣。立照講結成の手続きを終える。立照講による成田山への団参は、一九四二（昭和十七）年まで、七回行われた。

五月十九日　天晴、浦野法海師とともに京都、醍醐寺に上山。醍醐寺第九十六世座主、佐伯恵眼大僧正のもと、得度。僧名、天晴。醍醐寺より先達に補任。正式に僧籍を得る。

六月九日　長男、智文他界。行年、一歳十カ月。不動明王慈救の真言の独自の音調を母、友司の口唱に遺す。翌日、葬儀を執行。

六月十四日　天晴、友司、高尾山薬王院、青龍権現を祀る蛇滝で、初の滝行。この行は、その後、二十年続けられた。

六月二十九日　天晴、成田山新勝寺住職、荒木照定僧正より「教会分社成田講小社講元」の許可を受ける。

七月十二日　浦野法海師、醍醐寺三宝院における得度辞令と成田山立照講講元辞令を持参。社会的に、天晴と立照閣の公的な立場が確立する。

一九三七（昭和十二）年
四月八日　次男、友一誕生。
六月二十二日　天晴、浦野法海師とともに醍醐寺に上山。醍醐寺より権律師に補任。行法加持許可、分教会許可を下附。これによって正式に加持祈禱の資格を得るとともに、権律師という僧階を得て、宗門的には在家の修験道行者よりも正統的な立場となる。
九月十四日　立川、航空神社境内にて、火生三昧耶法を執り行う。

こうして、事実関係だけを整理してみると、当人たちも無我夢中で過ごすしかなかった日々であることが推測できる。当時の小学校教員の初任給の四倍以上という高給のエンジニア職を辞めての宗教専従の道。困窮を極める生活のなかでの、仏道ひとすじの生活。成田山新勝寺の講元、さらには醍醐寺での出家という宗教者としての公的な立場の確立。幼い長男の死、そして、次男の誕生。高尾山蛇滝での滝行と航空神社での火生三昧という水行と火行が実現したことも密教行者としては重要だろう。

そして、こうした日々のなかでの最大の試練が、愛児、智文の死だった。友司はこのとき、「み仏の慈悲とは一体何か」と疑問を抱かざるをえなかった。それは、不動明王と感応し、自分と夫が進むべき道を確信してから、おそらく、ただ一度だけ、友司の仏道に向かう心が揺らいだ瞬間だったのではないだろうか。後に、友司は「あの時、智文は決して満足して死んで行ったのではありません」と、母としての想いを語ったが、この愛児の死をも仏意として受け止めたとき、友司の菩提を求める心は不動のものとなったのだろう。菩提とは、サンスクリットの「ボーディ」の音写で、仏の正しい悟りとその智慧を指し、涅槃と同義でもあるのだが、それは煩悩から解放された迷いのない状態のことでもある。そして、実際、夫に出家を促してから、智文の死を前にしたときだけを除いて、友司の仏道を求める心は、終生、揺らぐことがなかった。それは、本尊、不動明王と入我我入して確かなものになった、不動心にほかならなかったのだろう。

ここでは、話を戻し、醍醐寺の分教会としての立川不動尊教会建立のことを見てみ

昭和16年頃の立川、諏訪神社周辺の様子（出所：国土地理院の国土変遷アーカイブ空中写真〈C25-C2-81〉）

たい。「当閣も全く狭くてどうにも仕方がない。不動明王もいつ迄も仮安置のままで置く訳にも行かない」と『手記』に書きつけたのが、一九三七（昭和十二）年八月二十五日のこと。増えつづける信徒のためにも、会堂の建設は急務となっていた。すでに六月二十二日に、醍醐寺から分教会の許可は下りている。天晴は、立照講の世話人たちと相談し、翌年から新たな会堂の設立に取り組むことになった。浦野法海師の助言もあり、天晴は友司とともに仏意をただし、立川の諏訪神社の西隣に当たる百四十四坪の土地を寺院建立用地として、借地契約を結んだ。

諏訪神社は、八一一（弘仁二）年に、信

州の諏訪大社から分霊して鎮座されたという由緒ある神社で、諏訪地方に隣接した甲州生まれの天晴と友司にとっても縁がなくもない。当時のそのあたりは、見渡すかぎりの桑畑で、ポツンと一軒の家があるだけだったという。友司は、次のように回想している。

通称「中の原」と呼ばれていて、見渡す限りの桑畑のまん中で、その中にただ一軒の家があるきりの森閑とした所です。こんな所にお堂を建ててもお詣りする人があるだろうか、と一応は思案せずにはいられないような閑寂な所でした。

(『一如の道』)

この土地は、現在の立川駅の南口から、歩いて約十分のところにあるが、あまりに淋しいところだったため、世話人の間からは反対の声も上がった。当時の立川は、北口のほうが賑やかだったし、人通りの多いところに会堂を建てて、立照講の不動尊を立川のお不動様として盛り上げていきたいと考える世話人もあったのである。しかし、天晴は、その土地に幾度となく足を運ぶたびに、「なんともいえぬ清浄な感に打た

浦野法海師を導師に行われた地鎮祭
（一番左に友司。昭和13年6月8日）

れ」、「ここそ、み仏の望まれる土地」という確信を得る。中国との全面的な戦争に突入していった当時の日本は、広田弘毅内閣のもと、軍備の拡張計画が立てられ、すべての産業が戦時体制に移行しつつあったため、建築資材を始めとする民需物資の不足も予想された。その意味でも会堂の建設は急ぐ必要があり、六月八日には、浦野法海師を導師に、地鎮祭を執り行い、建築に着手、八月三日には上棟式が行われた。

この間の七月十五日には、醍醐寺から「立川不動尊教会設立認可証」を受け取り、同月十八日には、東京府庁に届けなければならない教会設立書類を立川町役

建立当時の立川不動尊教会（のちの真澄寺）

場に提出するなど、法的な手続きも順調に進み、九月いっぱいで工事は完了した。

　しかし、すべてが順風満帆だったわけではない。不動尊のためのお堂とはいえ、建築は金なしには進まない世間の出来事である。天晴と友司も、やはり金の工面には悩まされることになった。建築費を出すと言っていた世話人が逃げ出したり、空手形が出て補修工事がストップしたり、財政面では困難続きで、天晴と友司は借金をしたうえで、天晴は手元に一台だけ残しておいたライカのカメラも売り払って、建築費の支払いに当てなければならなかった。天晴と友司は、仏道ひとすじに立って以来、困窮のなかにあった生活をさらに切りつめなければならなかったが、本尊を仮安置所に置いたままにしないためにも、会堂建立は成し遂げなければならなかったのである。

九月十七日には、友司の実家、内田家の稲荷明神を護法善神として勧請している。これは、弘法大師・空海が東寺の鎮守に稲荷神を勧請した故事と比較して興味深い。このとき、天晴は、醍醐寺から千年伝持の秘法、地鎮鎮壇（ちんだん）の修法儀軌（ぎき）を受領し、十月三日に、その秘法を修している。すべての準備は整った。天晴と友司は、五日に立照閣、不動尊仮安置所から新築なった会堂に移転。翌日、本尊、不動明王を遷座し、初めての護摩を修している。こうして、それまでの立照講は解消され、醍醐寺の末寺として、真言宗醍醐派、立川不動尊教会は、その設立をみることになったのだった。

この会堂建築中のこと、醍醐寺の佐伯恵眼（さえきえげん）大僧正から「立川不動尊教会設立認可証」を受領したとき、天晴は『手記』に次のような短歌を書きつけている。

慈（いつく）しみ謝し　微（び）びたる者に　吾（わ）れあれど
み法（のり）にそくし　妻（と）（法友（も））と歩まむ

天晴と友司、2人は夫妻であると同時に法友でもあった
（昭和10年代中頃。立川不動尊教会の門前にて）

発表することを前提としていないだけに、この一首には、当時の天晴の真情が余すところなく表わされていると思う。会堂建設のさまざまな困難に直面していたにもかかわらず、「慈しみ謝し」というう感謝の言葉から始まっているということは、天晴が世間の俗事まで修行として受け止めていたことを表わすものだろうし、「み法にそくし」という一節は、あくまでも仏道を歩んでいこうという決意を示すものだろう。そして、それが妻である友司とともに歩むものであるという結句は、天晴と友司の関係を、こよなく明らかにするものではないだろうか。友司は、天晴にとって妻であるだけではな

く、仏道をともに歩む法友でもあったわけであり、その意味では、天晴の仏教者としての大成は、友司なしにはありえなかったと言えるかもしれない。このことについては次章で語ることにしたい。

後に、真澄寺となる立川不動尊教会の落慶法要は、翌年、真言宗醍醐派の吉田真峰師を導師に執り行われた。一九三九（昭和十四）年二月五日のことであった。

6　京都、醍醐寺

立川不動尊教会が建立された一九三八（昭和十三）年の十二月八日、天晴は、醍醐寺第九十六世座主、佐伯恵眼大僧正から、房号「真乗」と院号「金剛院」を賜り、これ以降、真乗と号するようになる。さらに、四年後には戸籍上の本名も、文明から真乗に改名しているので、ここからは天晴のことを真乗と呼ぶことにしたい。

これまで語ってきたように、友司は真乗にとって、妻である以上に仏道をともに歩む法友となっていたわけだが、友司は決して前に出ることはなく、当時、信徒から、真乗は「先生」、友司は「奥さん」と呼ばれていたという。真乗の先生という呼び名は『病筮鈔』で人々の相談に乗っていたころからのものだが、友司が奥さんと呼ばれていたということは、彼女が果たしていた役割の大きさが、外からは、まだ、それほど見えなかったことを意味するものであるかもしれない。後年、宗教調査のために教団を訪れた井門富二夫(いかどふじお)筑波大学名誉教授は、友司の印象を「にこにこと笑って聞いているだけで、なんにも口をはさまれなかったのが、私にとっては、ちょっと意外だったのですけれど……」(『創の悠恒に』)と語っており、夫、真乗を立て、自分が一歩下がる謙虚な姿勢は、友司が終生、貫いたものであった。実際、少なからぬ人が、友司のことを無口で物静かな人と語っており、それが友司を外から見たときの第一印象でもあったようだ。それは、真乗にとって、友司が妻であるとともに、法友であったように、友司にとって真乗とは、夫であるだけではなく、仏道における師でもあったからだろう。真乗は、後に友司が自分に対して、つねに「夫であっても師として仕えている姿」であったことを回想しているが(『内外時報』一九四九・七)、それは、足元から実践された日常生活における友司の修行の姿だったのではないだろうか。そして、友司がいたからこそ、真乗が修行に専心できたのは、間違いないことだと思う。

しかも、自らの信仰については、友司は思想的な教学としてはまったく語っておらず、すべてを現実の生活のなかでの実践として現わしており、どのように仏や仏教というものを考えていたのかは、真乗の言葉に依るしか理解する手立てが残されてはいない。友司が、真乗を、仏道における師としていたことを考えるならば、それも当然のことかもしれないが、ここでは、真乗の醍醐寺における修行に話を絞って進めていきたい。

京都の古刹、総本山・醍醐寺

真言宗総本山、醍醐寺は、京都の伏見区東方に広がる笠取山に二百万坪を超える寺域を持つ古刹(こさつ)であり、笠取山の山上の上(かみ)醍醐と山麓に広がる下(しも)醍醐に伽藍(がらん)が分かれている。山号は、上醍醐が深雪山、下醍醐が醍醐山。位置的には京都の東南、山科(やましな)盆地の南になるが、古くは宇治(うじ)郡に属し、戦後十年後、一九五〇年代までは、昔ながらの田園風景を残していたというから、真乗が修行のため上山していたころも、田園のな

醍醐寺にて伝統の法を修めた真乗

かの大寺院という趣であったことだろう。

　室町時代の応仁の乱から続いた戦乱で下醍醐は荒廃したが、華麗な桃山文化の象徴でもある豊臣秀吉の「醍醐の花見」をきっかけに復興し、一九九四（平成六）年には、ユネスコの世界文化遺産に登録されている。寺宝は、国宝と重要文化財の指定を受けている二百余点を含める十五万点を数え、さながら密教美術館の様相を呈しているが、なかでも、九五一（天暦五）年落成の国宝、五重塔は、総高三八メートル、戦火の焼失をまぬがれた京都でもっとも古い木造建築物であり、作家の井上靖は、その「重量感にみちみちた堂々たる風格」を讃え、「法隆寺、法起寺、薬師寺、当麻寺、室生寺と時代を追って造られてきた塔が、異国のものを少しずつふっきってきて、初めてここに日本の塔としての完成を見せたのではないか」（『古寺巡礼京都　醍醐寺』）と語っている。また、塔内の両界曼荼羅と真言八祖の壁画も塔本体とは別に国宝の指定を受けており、この平安絵画の遺品の真言八祖のうち空海像は、もっとも古い空海の肖像画としても貴重である。

真言密教は空海から始まるわけだが、大乗仏教の最後の形態として現われた密教においては、その奥義は、師から弟子へと一対一で伝えられていく。これを師資相承と呼び、その受法の儀式は、阿闍梨（師匠）が弟子の頭頂部に水を灌ぎ、阿闍梨位を弟子が相承したことを証するというもので、この密教における秘儀を「灌頂」と呼ぶ。これは、かつてはインドの国王が即位するとき、四方の海水を汲んで頭頂にそそぎ、世界を掌握したことを象徴する儀式が仏教に取り入れられたものであった。この灌頂によって、密教の法流は脈々と受け継がれてきたわけだが、その奥義には、ふたつの流れがある。

真言密教は、釈尊入滅から千年以上が経った七世紀にインドで成立した『大日経』と『金剛頂経』を二大経典としている。この二つの経典は、宇宙の真理そのものであるダルマ（法、仏法）じたいを神格化した法身仏である大日如来が説いたものとされ、前者が「一切智智」（仏の知恵）を得る方法とその理論的な根拠を明かすものであるのに対して、後者は、大日如来が自らの悟りの内容を明かし、その実践を語るも

金胎両部の曼荼羅（左・金剛界曼荼羅、右・胎蔵界曼荼羅）

のとなっている。『大日経』で説かれた「理」の世界を図像化したものが「胎蔵界曼荼羅」、『金剛頂経』で説かれた「智」の世界を図像化したものが「金剛界曼荼羅」なのだが、空海の師、恵果阿闍梨以来の流れの密教では、この両部の曼荼羅によって、大日如来の世界の一切が表現されているとする。大日如来はダルマ（法、仏法）そのものなわけだが、ダルマは宇宙の森羅万象、世界のすべての存在にも立ち現われるものでもあるわけだから、曼荼羅とは、密教の宇宙観にもとづいて、宇宙のすべてを図像化したものと言えるだろう。

真言密教では『大日経』と『金剛頂経』を「両部の大経」と呼ぶが、それぞれの法流が師から弟子へと師資相承で伝えられてきたわけだが、この法流は大日如来から、金剛薩埵、そして龍樹（ナーガルジュナ）という系譜で受け継がれてきたとされ、大日如来から空海までを真言八祖と呼ぶ。また、龍樹は大乗仏教において、もっとも重要な「空」の思想を大成し、中国・日本のほとんどの宗派が開祖として仰ぐところから「八宗の祖師」と呼ばれる。龍樹は菩薩の尊格が与えられ、龍樹菩薩とも呼ばれるが、二〜三世紀に実在した人物であるのに対して、「執金剛」「秘密主」とも呼ばれる金剛薩埵は、普賢菩薩と同体とされる経典のなかでの存在である。そこで、実在した龍樹から空海までの胎蔵界、金剛界、それぞれの法流の継承者を、大日如来から空海までの「付法の八祖」に対して、「伝持の八祖」とする。

　余談だが、伝持の五祖に数えられ、王位を捨てて仏門に入った善無畏（シュバカラシンハ）とともに『大日経』を漢訳し、その注釈書である『大日経疏』を著した七〜八世紀、唐代の僧、伝持の六祖とされる一行は、今日では中国天文学の先駆者として切手にまでなっているが、天体観測と子午線測量を行い、その観測結果に基づいて『開元大衍暦』を作成した。この暦は日本にも奈良時代に伝えられ、百年ほど使用されたという。人間もまた、宇宙という大生命のなかのひとつの表われであるという考え方は、密教の原点でもあり、人間と宇宙の関わりを知ることが重要とされたわけだが、そうした観測と思索の結果として、中国では、大自然の運行に合わせた干支、九星、七曜星、六曜、二十八宿、十二直といった、時間的な区分が発達したわけであり、自然の運行と人間の運命の関わりを探究して易学が形成されていくわけだから、真乗の宗教的遍歴の発端となった『病筮鈔』も、その源泉のひとつに一行の存在があることで、真言密教と通底するものを持っていたことになる。

話を戻すと、密教には、大日経系と金剛頂経系のふたつの大法があり、それが師から弟子へと相承されてきたわけだが、空海が入唐したとき、中国でただひとり、金胎両部の大法をともに相承していたのが、青龍寺の恵果だった。恵果は、空海と初めて見たとき、自分の命が尽きようとしているのに、付法すべき人を見い出せず、長らく空海の入門を待っていたことを告げたという（空海『請来目録』）。恵果には千人を超える弟子がいたが、空海は六月上旬に青龍寺に至るや、わずか三カ月で恵果から金胎両部の灌頂を受け、自らも大阿闍梨となったのだった。そして、同年の十二月に、恵果は六十歳で入寂する。それは、仏教史上でも特筆すべき、劇的な邂逅だったと言えるだろう。

恵果が金胎両部の大法を授けたのは、空海と義明のただふたりだけで、義明が中国で法燈を継ぎ、空海が日本で真言密教を広めることを期したのだが、義明が夭折したため、継承者は空海ただひとりとなり、インドから中国に伝えられた真言密教は、世界で日本だけに残され、伝承されていくことになったのである。

空海は、入定の二年前に、年の離れた弟の真雅に金胎両部の灌頂を授けて、正伝の密教を相承させ、真雅は、空海の甥の真然に灌頂を授けた。醍醐寺の開山である聖宝は、その真雅にしたがって得度し、真然から両部の大法を受法したわけで、醍醐寺には空海から相承された金胎両部の大法が、聖宝以来、脈々と伝えられてきたことになる。この真言密教の奥義ともいうべき金剛界と胎蔵界、両部の灌頂は「伝法灌頂」とも呼ばれている。

空海を祖師とする真言宗の各派にも、もちろん伝法灌頂は伝えられているわけだが、醍醐寺には、もうひとつの灌頂が伝えられていた。それが、恵印灌頂である。「修験道中興の祖」と呼ばれる聖宝は、修験道の開祖たる役行者から霊異相承し、自ら入峰修行を重ねて金峰山への道を開いた行者とされ、この伝承から修験道は真言密教のなかに位置づけられていく。この醍醐寺系統の修験の法流が恵印法流であり、醍醐寺には、正純密教の伝法と修験道の恵印、ふたつの法流が伝えられていった。これは、ともに秘儀であって、その内容は一切、口外してはならないとされているが、出家修行者が修めなければならないのが伝法灌頂であり、在家で生活を営みながら求められるのが恵印灌頂ということになる。

まず真乗は、立川不動尊教会建立中の一九三七（昭和十二）年から、修験の法流を極めるために恵印七壇法の修行に入った。恵印七壇法は、「よほど堅固な意志と、健全な身体を具備した者でなければ、満願成就することは至難の大法」と醍醐寺第百一世座主、岡田宥秀大僧正は語っており、会堂建設のため、さらに困窮の度合いを増すなかで、骨と皮だけに痩せ細りながらも、真乗は、この「至難の大法」を成就することになる。真乗は、まだ若かったころの醍醐寺第百三世座主、仲田順和師に「行は学問を考えたらできない。行はこれをしたら幾らになるかと考えたらできない。行は命を考えたらできない」と語ったというが、まさに命がけの行を真乗が成し遂げることができたのは、長男・智文を喪したことで、友司とともに改めて見つめ直した確かな仏道というものへの確信があったからなのだろう。

真乗が師と仰いだ当時の醍醐寺座主、佐伯恵眼大僧正は、東京帝国大学でインド哲

真乗、醍醐寺にて恵印灌頂を法畢
（最後列中央。昭和14年10月27日）

学を修めた学識と仏教者としての徳を合わせ持った高僧であったが、苦行をものともしない真乗の真摯な姿勢を極めて高く評価し、衆僧に「修行者の態度は、常にかくあるべきもの、とってもってよく範とせよ」と語り、真乗を手本とするようにと戒めたという。

そして、半年をかけて恵印七壇法を満願成就した真乗は、一九三九（昭和十四）年、十月に醍醐寺に上山、三宝院で佐伯恵眼師のもと恵印灌頂を受け、法流を相承する。そして、この「至難の大法」は、修験の重要性が充分認知されていなかったためか、真乗が畢えて以来、醍醐寺でも長らく相承が途絶えることになった。

翌年、真乗は律師に補任され、さらに一九四一（昭和十六）年には、権少僧都並びに少僧都に補任されるとともに、東京府北多摩郡村山の特命住職に任じられている。現在の武蔵村山市にあった福聚山一住坊常宝院は、当山派修験道に属する寺であったが、当時、この寺院は、前住職が病を得てから運営が行き詰まり、廃寺寸前の状態に陥っていた。真乗は、祖山、醍醐寺への報恩のため、同寺の再建に力を尽くし、見事に復興なった常宝院を醍醐寺に献納すると同時に、特命住職を辞したのだった。

こうした事例からも、まだ若く、修行に熱心な真乗は、本山からも期待されていた人材であったことが分かるが、この時期に、真乗は、後継者のいない信州の武田信玄公造立といわれる大寺の住職に請われている。檀家も多く、もし引き受けていれば経済的な困窮からも解放されただろうが、それは真乗が目指すものではなく断ったという。おそらく、相談を受けたであろう友司の意見も同じだったのではないだろうか。真乗と友司が意図していたのは、あくまでも悩みを抱えた信徒とともに仏道を歩むことができる信徒寺だったのだと思う。そして、それは、立川不動尊教会において実現されつつあった。

真乗、醍醐寺にて金胎両部の伝法灌頂を法畢、阿闍梨となる
（後列、右から4人目。昭和18年3月5日）

恵印灌頂を受けてから四年後、真乗は、再び醍醐寺に上山している。真言密教における金胎両部の灌頂については、先に説明したが、この伝法灌頂は、真言密教教主、大日如来から、師資相承によって脈々と受け継がれてきたとされるものである。真言七祖の恵果から真言八祖の空海へと相承されてきた金胎両部の伝法灌頂を、修行を終えて、真乗が佐伯恵眼大僧正から受けたのは、一九四三（昭和十八）年、三月五日のこと。

ここに阿闍梨、伊藤真乗が誕生したわけだが、このとき佐伯恵眼師は、大日如来から始まる法流の受法者の名前を記した血脈（けちみゃく）相承書とともに、醍醐寺伝来の金剛界、胎蔵界、両部の曼荼羅を真乗に授けている。これは千年を超える醍醐寺の歴史のなかでも異例であることを仲田順和師は語っているが、佐伯恵眼師と真乗の出会いは、恵果と空海の出会いに似たものであったのかもしれない。

日本がハワイの真珠湾を空襲し、アメリカとの開戦に踏み切ったのは、その二年前の十二月八日のこと。日本は戦時色一色となり、暗雲に覆われつつあった。

V　真如

1　利他の実践

日本が中国との全面的な戦争に突入したのは、一九三七（昭和十二）年。一九四〇（昭和十五）年には、ドイツ・イタリアと日独伊三国同盟に調印し、一九四一（昭和十六）年には、ハワイ真珠湾の米軍基地を奇襲し、アメリカとイギリスに宣戦布告、太平洋戦争が始まる。後に「十五年戦争」と呼ばれる慢性的な戦争状態のなかに日本はあったわけだが、この時期は、国民の生活すべてが、戦時体制の統制下に、制限されていった時代でもあった。

そして、宗教もまた、例外ではなかったのである。

一九三九（昭和十四）年には、宗教団体法が公布され、あらゆる宗教活動が国家の規制を受けるようになったが、その二年後には同法令によって真言宗各派も統一されて合同真言宗となり、さらに一九四四（昭和十九）年の九月には、神道・仏教・キリスト教合わせて三十万人の宗教家によって、大日本戦時宗教報国会が結成され、諸宗はすべて国家神道の下に統括されることになる。

こうした時代背景のもと、一九三五（昭和十）年以降は、新興宗教に対する取り締まりも厳しさを増し、同年の十二月には、不敬罪・治安維持法違反容疑で、一般には大本教として知られる「大本」の出口王仁三郎が逮捕され、全幹部が拘束、教団は解散を命じられ、教団施設は破壊されるといった徹底的な弾圧を受けた。これを始めとして、弾圧を受ける教団が相次ぎ、教義や修行内容まで変更を余儀なくされる教団も少なくなかったのである。

真乗と友司の立川不動尊教会は、弘法大師・空海からの法流を汲む醍醐寺の末寺であり、しかも、真乗は醍醐寺第九十六世座主、佐伯恵眼大僧正の直弟子であったため、佐伯恵眼師の意向で、立川不動尊教会は、醍醐派の関東の寺院を統括する関東第一号宗務支庁の管轄から抜けて、総本山醍醐寺の直轄となっていた。これは、真乗が常宝院の特命住職に任じられる三年前、一九三八（昭和十三）年のことであったが、さらに真乗自身が苦行と研鑽を重ね、一九三九（昭和十四）年には、修験道の奥義である恵印灌頂を、一九四三（昭和十八）年には、空海以来の真言密教の法流を相承し、金胎両部の伝法灌頂を修めて阿闍梨となっているわけだから、新興宗教として取り締まられる危険はなかったわけだが、当時は、あらゆる集会に特高警察が目を光らせていた時代であり、宗教活動といえば「武運長久」と「戦勝祈願」以外は許されなかった。真乗と友司の菩提心は、いささかも揺らぐことはなかったが、日本軍は本土の制空権も失い、一九四四（昭和十九）年の十一月二十四日には米軍のＢ29が、初めて東京を本格的に空襲したのに始まって、日本の各都市も襲われるようになり、あらゆる物資や施設が、軍需用とその生産に回され、物資の窮乏を招くとともに、食糧難に陥っていく。信徒も、信仰ではなく、食糧を求め、空襲におびえる毎日を過ごすしかないというのが、当時の現実だった。そうしたなかで、立川不動尊教会では、朝と夜に読経し、月に三回、本尊の不動尊に護摩を修し、信者の求めに応じて加持祈禱を行うという真言密教の寺院としてのつとめを果たしていた（『苑史回想』）。普通の真言寺院との違いといえば、本尊と感応して入我我入できる友司が、修行を真乗とともにしていたということだろうか。

徴兵されて、兵士として出征することになった若い信徒も少なくなかったが、真乗は彼らに「み仏に与えられた〝生命〟は大切にしなければならない。絶対に生きて帰るんだ」と徹底して語り続けたという（『苑史回想』）。それは、国民生活も宗教も国家の統制下にあるなかで、ひとりの宗教者ができるギリギリの抵抗であったのだろう。

真乗と友司の間には、一九四〇（昭和十五）年七月三日に次女・孜子、そして伊藤文明を真乗と改名した一九四二（昭和十七）年四月二十五日に三女・真砂子、その翌年の十月五日に四女・志づ子が生まれ、長女・映子、次男・友一と合わせて、戦時中には五人の子供を抱えていた。敗戦の一九四五（昭和二十）年の時点で、子供たちの年齢は、映子が十二歳、友一が八歳、孜子が五歳、真砂子は三歳で、末子の志づ子は、まだ二歳という幼さである。食糧難のなか、育ち盛りの五人の子供たちを抱えての生活は、決して楽なものではなかっただろう。空襲で焼け出され、住まいを失った人も少なくなかった。軍需工場があった立川も空襲を受け、立川駅北口の家々は強制疎開、間引き疎開となり、延焼を防ぐために、ほとんどとり壊されることになったが、南口でも交通・物資の動脈であった中央線など鉄道の近辺は爆撃等の被害を受けた。だが、南口から徒歩十分ほどの立川不動尊教会は、奇跡的に戦火が及ばず、真乗と友司は、

郷里の山梨へ疎開した友司と子ら
（友司は最後列左から３人目）

建立に当たっての仏意というものを確認することになったという（『一如の道』）。
真乗は「戦局の逼迫とともに、応召、疎開、空襲と内地もまた戦場となるに及んで本当の宗教活動は息の根を止められていたといってよい」（『一如の道』）と述懐しており、都市部に比べると、農村は空襲がなく食糧生産も可能だったので、都市部の少なからぬ住民が農村に疎開することになった。友司と子供たちも、昭和二十年の四月三日に郷里の山梨に疎開しており、同年八月十五日の終戦を山梨で迎えて、翌年の三月にようやく立川に戻っている。東京では、すでに物資が底を尽き、ひと握りの米、一本のさつま芋が、このうえなく貴重なものとなっていた時代である。少なくとも、山梨にいれば子供たちを飢えさせずに済んだろうし、空襲警報に飛び起きることもなかっただろうが、友司は子供のころのように畑仕事や洗濯などに追われていたのではないだろうか。

このころ、友司が何を思い、何を考えていたのか、本人の言葉としては残されていないので、知る術（すべ）はないが、当時の信徒による興味深いエピソードが残されているので、ここに紹介しておこう。

わたくしが初めて摂受心院（しょうじゅしんいん）様（友司）におめにかかったのは、昭和二十年でした。そのとき私は、初めて「立川不動尊教会」をおとずれたのです。

戦争たけなわのときですから、摂受心院様は髪をむぞうさに後ろにたばね、もんぺをはいておられました、やせぎすの、無口なお方でした。

（中略）

おひるになって、おいとましようとしたとき引きとめられて出されたお食事が、思いがけない、まぶしいような真白い御飯の山盛りでした。もやしのゆでたのに鰹節がかかり、小鉢に小カブのぬかづけが白と緑に、とっても美しかったのです。

毎日毎日コーリャンやさつま芋の雑すいで過ごしていた都会住まいの私にとって、それは夢みるようなご馳走でした。

あとでわかったことですが、この時のお米は、摂受心院様が、お子様方がもし病気でもした時のおかゆのために、最上のものを大事にしまっておいたものだったのだそうです。それを、東京の人はお米も食べていないだろうから――とおしげもなく、全く初対面の客である私に出してくださったのです。

このことは、戦争中、あの、さつま芋の茎や葉っぱをおひたしにして食べた思い出のある方でなければわからないかもしれませんが、摂受心院様は、いつも、このように、ご自分の大事なものを他のためにささげきるお方でいらっしゃいました。

（栗山乗心、『藤の花房』第一集）

当時の米、しかも白飯の貴重さは、現代人には見当がつかないもののひとつだろう。日中戦争が始まると海外からの物資の輸入が不足を来す（きたす）ようになった。そのため、まず、一九三九（昭和十四）年には米穀搗精等制限令が公布される。これは、米の精米度合いを制限するもので、玄米を完全に精白すると白米になるわけだが、それを制限し、玄米の皮を三〇パーセント残した七分搗きで、米の重量が減るのを防ごうとした法令だった。この制限令が発令されてから、精米業者は七分搗きの米しか売ることができなくなったが、個人が精米することが禁止されていたわけではなかったため、各家庭では七分搗き米を瓶に入れて棒で突き、精米するようになった。さらに、一九四〇（昭和十五）年の四月から、米・味噌・砂糖・マッチなどの生活必需品は切符制になり、翌年の四月には、東京・横浜・名古屋・京都・大阪・神戸の六大都市には米穀の配給通帳制が実施されることになる。当時のサラリーマン世帯の一人当たりの一日の米の消費量は、約三合（四五〇グラム）だったが、配給量は二合三勺（三四五グラム）。それまでの消費量の約二四パーセント減となり、明らかな不足を来すようになった。しかし、当時はまだ、パン・うどん等の主食が入手できた。だが、敗色がいよいよ濃くなり、米のみならず、肉や魚介類、野菜まで、生活物資のすべてが配給制になると、物資の不足はきわめて深刻なものになり、米のかわりの主食に芋類や大麦、中国北部で栽培されるモロコシの一種のコーリャンといった雑穀が配給されるようになる。誰もが満足に食べることができず、飢えに苦しむような時代だったのである。

とりわけ、都市部では、白米は途轍もない貴重品であり、わずかな米も芋や雑穀と一緒に雑炊にして量を増やし、お腹を満たすしかなかった。引用した文中にあるように、さつま芋の茎や葉まで口にして、人々は飢えをしのいでいたのである。ただし、文中の昭和二十年だと、友司は子供たちを連れて疎開していた時期なので、これは栗山氏の記憶違いの可能性がある。おそらく、このエピソードは、疎開前か終戦後のことではないかと思われるが、どちらにしても食糧難の時代であったことは間違いない。

そんなときに、初対面の人間に友司が供したのが山盛りの「まぶしいような真白い御飯」だったのだから、栗山乗心氏がどれだけ驚いたかは、想像に難くない。当時は「一杯のすいとんを食べるのに一時間も行列した」ことを栗山氏は回想しているが、それだけに白い御飯は、誇張でも何でもなく「夢みるようなご馳走」だったのである。当然、それは友司にとっても貴重なものであり、おそらく、疎開先の郷里から重い思いをしながら持って帰ってきたものだったのではないだろうか。子供たちのために取っておいた、その貴重なお米を、初対面の来客のために出してしまう。友司に関しては、実は、こうしたエピソードは枚挙に遑がない。「ご自分の大事なものを他のためにささげきるお方でいらっしゃいました」という言葉は、まさにその通りだったのだろうが、それは、たんに思いやりがあるとか優しいとか、気前がいいといった言葉で済ますことはできないのではないか。南幸町に真乗・友司夫妻が暮らしていたころの隣家の人の次のような証言がある。

　私の妻は田舎出なものでしたから、かなり質素な生活に慣れておりましたが、その妻が「お隣りは実に質素で、地味なお暮らしぶりだ……」と、私に申したことがありました――

（倉嶋嘉吉、『藤の花房』第二集）

　そうした質素な、しかも宗教専従となってからは切り詰めた暮らしのなかでも、前に紹介したように、自分は一食抜いてでも青年に朝食を勧めるなど、自分よりも、まず他者のことを考えるのが、友司という人だった。それは「利他」の仏道を歩むことにほかならなかったのだろうが、利他とは、他人のことを優先して、自己を犠牲にすることではないことに注意しよう。弘法大師・空海は、仏教を広大無辺なものとしながらも、その要諦を「自利」と「利他」であるとしている（『請来目録』）。「利他」とは、苦悩する人々を救うこと、「自利」とは、悟りを求めて修行することを意味している。そして、自利と利他は不可分のものであって、別々に考えることができない。

だから、自分の食事を人に譲り、貴重な食糧を初対面の人に与え、自分の大事なものを他者にささげきるといった友司の生き方は、利他であるとともに、自利、すなわち、自らの修行であり、仏道の実践でもあったことになる。

前出の栗山乗心氏は、戦災で家を焼かれ、立川に引っ越すことになるのだが、借りた家は、近所に落ちた爆弾の衝撃で壁がほとんど崩れ落ち、手がつけられない状態だったという。大工を頼もうにも、みんな兵隊に応召されていて一人もいない。壁を貼ろうにも新聞紙一枚が貴重なうえに、ノリもない。そんなとき、友司は一升の小麦粉を煮てノリを作り、真乗は法要に使うために秘蔵していた大判の和紙を惜し気もなく出して、三日間、栗山氏の新居に通って壁と破れた襖を貼ってくれたことも、栗山氏は回想している。五人の子供を抱え、乏しい配給で暮らしている一家にとって、一升の小麦粉は、本当ならば貴重な食糧となるはずのものだったことは言うまでもないだろう。

物資の不足と食糧難は終戦後も続いた。日本が高度成長期を迎えるのは、終戦から十五年を経た一九六〇（昭和三十五）年前後のことであり、国土は十五年戦争で疲弊しきっていたのである。真乗と友司は、不動尊教会脇の空き地を開墾して、さつま芋やカボチャを植え、収穫したさつま芋は穴を掘って貯え、カボチャは庭に積んで、食糧のない信者に分け与えた。さらに、この畑自体も、家族が多く、配給だけでは足りない信徒に貸し与えていたという。それも、真乗と友司による、時代に応じた利他の宗教的活動だったのではないだろうか。

『枕草子』や『源氏物語』など、日本の平安文学に多大な影響を与えた唐代の詩人、白居易（白楽天）は、仏教徒としても著名で、その晩年は、ユネスコの世界文化遺産に登録されている河南省の龍門石窟で知られる龍門の香山寺に住み、香山居士と号して禅僧と親交があったが、沂州に知事として赴任したとき、道林禅師という高僧と出会い、仏教の真髄を尋ねたという有名な説話がある。道林禅師は、悪いことをせず、善いことをしろと答えるのだが、白楽天は、そんなことは三歳の子供でも知っていると憤然とした。それに対して禅師は、三歳の子供でも知っているが、八十歳の老人でもそれを行うことは難しいと答えたという。このエピソードは史実としては認められておらず、伝説に類するもののようだが、道元禅師の『正法眼蔵』でも紹介されており、もっとも広く知られた白楽天伝説の一つだが、含蓄が深い。

仏教の開祖たる釈尊は、人間の平等を唱え、人間の価値は行為によって決まると語った。

生まれによって賤しい人となるのではない。
行為によって賤しい人ともなり、行為によってバラモンともなる。

生まれを問うなかれ。行いを問え。火は実にあらゆる薪から生じる。
（『スッタニパータ（経集）』）

インドでは、釈尊以前から、ヴァルナと呼ばれる厳密な身分制度があって、階級社会を形成していた。これはカースト制として知られるものだが、バラモン（司祭）、クシャトリア（王族）、ヴァイシャ（庶民）、シュードラ（奴隷）の四階級を基本とし、どの階層に生まれるかによって職業から結婚まで人生のすべてが決定され、一生、自分のカーストから逃れることはできない。この身分制度は時代が下るにつれて複雑化し、現在のインドには二千から三千ものカーストがあると言われているが、釈尊はそうした身分制度を否定し、人間の貴賤は生まれによってではなく、行いによって決まると説いたわけである。ところが、この行いというもの、道林禅師と白楽天の問答にあるように、誰もが善悪は分かっているのに、いざ行うとなると難しい。そして、伊藤友司とは、仏道というものを、つねに行いによって示した人だったのだろう。

和服姿の友司は、いつも洗い立ての清潔なかっぽう着（ぎ）を身につけていた。木々が鬱（うっ）蒼（そう）と生い茂るなか静かにたたずむ真澄寺（しんちょうじ）で、来客を迎えに出る友司の姿は、木々の緑に真っ白なかっぽう着が映えて、一幅の絵画のようだったという。

2　白いかっぽう着

一九四五（昭和二十）年、日本は連合国軍に無条件降伏し、太平洋戦争は終結する。そして、同年、十二月二十八日、信教の自由を保障する宗教法人令が公布され、戦前の宗教団体法によって各派が合同していた合同真言宗は解体されることになり、真乗の祖山である醍醐寺も真言宗醍醐派として独立、再び醍醐派総本山となった。

しかし、真乗の立川不動尊教会は、真言宗醍醐派にはあえて戻らないという道を取る。その二年後の一九四八（昭和二十三）年一月二十三日、不動尊教会を真澄寺と改称し、新たな教団を設立することになった。それが、真如苑の前身となる「まこと教団」だった。

しかし、真言宗醍醐派から独立したといっても、本尊は、運慶作と伝えられる不動明王であり、修行や修法の内容が一変したわけではない。真澄寺は、出家修行者が信徒を導くという真言密教寺院としての性格を変えたわけではなかったことに注意しよう。では、なぜ、真乗は、真澄寺という小寺に拠って、新たな教団を立ち上げることにしたのだろうか。

真乗は醍醐寺第九十六世座主、佐伯恵眼大僧正の直弟子であり、佐伯恵眼師のもと、修験道の法流と真言密教の法流をともに究め、恵印灌頂と金胎両部の伝法灌頂を相承したあとに、前章でも触れたように、ある大寺の住職に請われたことがあった。その経緯を本人の言葉で見ておこう。

私が真言密教の行を畢えて間もないころ、山梨に、昔、信玄公の造立といわれる一寺がありました。由緒ある鐘が伝わる立派な寺でしたが、住職が入院しており、維持のため、私に、醍醐で金胎両部の大法まで卒行しているのは珍しい、次の住職を是非とも引き受けてもらいたい、と依頼があったのです。

往くと、土蔵造りの本堂はかなり広く、正面、脇扉も素晴らしい重厚な建築で、界隈でもなかなか栄えておりました。ところが、この寺院は繁華な街中に位置し、「賽銭(さいせん)も並たいていなものではない」と勧められれば勧められるほど、私はここの住職をつとめるべきではないと辞したのでした。対して、「伊藤という男は欲のない男だ」と散々で、黙っていても金が入るのは、私の望みではなかったのです。

（『法の琴譜樹(ことぶき)』）


真乗は「確かに私は貧乏に貧乏を重ねて来ました」とも語っているが、不動明王を本尊として迎え、仏道ひとすじに立ってからの真乗と友司の生活は、決して恵まれたものではなかった。食卓にイワシ一匹が載ることさえ、めったにないような質素な暮らしのなかで、二人は修行を重ね、仏道を貫いてきたわけだが、経済的な苦労から解放されるはずの大寺の住職を断って「欲のない男だ」と言われるほど、真乗にとって大切なものは他にあったことになる。それは何かというと、仏の教えであるダルマ（法、仏法）にほかならなかった。まだ修行法が確立していなかったころ、信徒との行は深夜零時を回ることが珍しくなかったが、午前一時、ときには午前四時に及ぶこともあった。あるときに、友司が「明日は皆さん、お勤めもありますから、きょうはこの辺で止めにしませんか」と声をかけたところ、真乗が「僕は法の安売りはしない！」と厳しく叱ったという逸話が伝えられている。ふだんは、信徒はもちろん、真澄寺に遊びに来た子供たちにも優しい父親のようだったと多くの人が証言している真乗だが、こと仏法となると、その厳しさは火炎を背負った不動明王のように峻烈を極めるものだったと言ってもいい。

一方、友司は、真乗とは別のかたちで仏道を示した人だったということができるだろう。

真澄寺建立前、真乗と友司が本尊として不動尊を迎えた居宅は、まだ上水道が敷設されておらず、三軒の家が共同で使っている井戸があった。立照閣時代のことだが、隣家の倉嶋嘉吉氏による次のような談話が残されている。

立照閣には毎晩遅くまで来客があるご様子で、いつまでも電灯が点いていたのを思い出します。

また、それればかりでなく、奥様が毎晩遅く、裏の井戸で、水汲みをなされ、しかも、それが深夜にも及んでおられたので、私も妻も最初は、不思議に思ったものであります。

しかしやがてそれは、昼となく夜となく、来客が多くご多忙なため、皆が寝静まってから奥様が、洗濯をなさっておられた水の音であり、また、水を汲むような気配は、教主様（真乗のこと）が季節を分かたず行われた、水行のための水汲みであったことを、後日、知ったのであります。

（『藤の花房』第二集）

友司という人は、自分の苦労はもちろん、どれだけ大変な毎日を送っていたとしても、決して、それを語る人ではなかった。だから、その日々の暮らしぶりさえ、周囲の人たちの証言から推測していくしかないのだが、ここで紹介したエピソードも、そのひとつということになる。すでに初の寒修行のときから、立照閣には真乗、友司と行を共にする信徒が三十人ほど集まっていたのだが、友司は行を終え、子供たちが寝静まってから、真乗の水垢離のために水を汲み、洗濯をしていたことになる。友司がいつも清潔な純白のかっぽう着を身につけていたことは、数多くの人の証言が残されており、友司のシンボルともいうべきものになったのだが、洗濯機も漂白剤もない時代である。炊事、掃除と汚れやすいかっぽう着を、いつも真っ白なまま保っていたということは、友司が、どれだけ心を配っていたのかを物語るものだと思う。

真乗の妹、清水典子氏が、友司の様子を回想した一文がある。友司の一日の暮らしぶりがうかがえるものなので紹介しておこう。

いつも真っ白なかっぽう着を召されて、「良くきたわね――」と、心から喜んで迎えてくださいました。夜は夜で「疲れたでしょうから、早くお風呂に入って食事にしましょう」と、田舎の話をしながら、お食事を共にさせていただきました。

ご一緒におつとめをして、心静かに休ませていただき、朝、目を覚ましますと、摂受心院様は先に起きておられ、温かい味噌汁を食卓に出してくださいました。そして「たくさん召しあがって、お代わりしてね」と、やさしく微笑みながら言ってくださいました。

夕方になりますと、摂受心院様は、洗濯物を両手いっぱいにかかえて来られて六畳間に置き、汗をふきながら手早くえりわけられるのです。
本当に摂受心院様は清浄で、ひたむきで、他を思いやるお方でした。

（『摂い（すく）の途慕（とも）』）

ここでも、やはり印象的に「真っ白なかっぽう着」が登場するが、清水典子氏の話からは、友司が、夕食のあと「一緒におつとめ」したという記述があるところから、夜の勤行をしたことが分かる。友司は子供たちを寝かしつけてから、井戸水を汲み、真乗の水垢離の準備をして、それから洗濯をし、夜も遅くなってから、ようやく休んだのだろう。そして早朝に起き、火を熾（おこ）して朝食の準備をし、食後の後片付けをしてから、真乗とともに朝の勤行に入り、夕方、修行の合間を縫って洗濯物を取り込んでいたのではないだろうか。実際、友司の毎日は、端で見ていても、いつ眠る間があるのか分からないほど、忙しいものだったという多くの証言がある。それだけ、友司は毎日、忙しく立ち働いていたわけだが、それもまた日常生活のなかにおける利他の行であったことが、清水典子氏の回想からも浮かび上がってくるところがあるのではないだろうか。

仏典にチューダパンタカ（周梨槃特）という仏弟子が登場する。生まれつき愚鈍で、四カ月たっても釈尊の教えの短い一句も覚えることができなかったが、釈尊は彼に箒を与えて庭を掃除するように命じた。毎日、一心に掃除を続けたチューダパンタカは、ついに「仏道とは心の塵を払い、心の垢を除くことだ」と悟りを開いたという。

友司の「真っ白なかっぽう着」は、このチューダパンタカの説話に見える教えを、目に見える形で語り続けるものであった。チューダパンタカの説話は、仏は賢者も愚者も差別しない例として、後世、よく取り上げられるようになったが、それ以上に、悟りというものが教理や教学を理解することではなく、実践のうえにあることを物語っているという点で、仏教の本質を語るものと言ってもよい。釈尊は「生・老・病・死」という「四苦」、すなわち生きていることは、なぜ思い通りにいかないことがあり、苦しみがあるのかという問いを抱えて出家した。だから、釈尊の悟りとは、深遠ではあるが、決して曖昧なものではなく、その問いに対する答えであることになる。苦しみがなぜ生じるのかという真理、ダルマ（法、仏法）を悟って仏陀となった釈尊は、ダルマに従って苦しみを消し去るための正しい生き方を考察したのだが、これが八正道と呼ばれるもので、次の八つになる。

正見（正しく物事を見極める）
正思（正しく考える）
正語（正しい言葉遣いをする）
正業（正しい行いをする）
正命（正しい生活をする）
正精進（正しく努力する）
正念（正しく持続させる）
正定（正しく祈る、集中する）

（現代語訳、佐藤直美）

つまり、悟りとは、悟って終わるのではなく、その後の実践をともなって初めて実現されるものなのであって、チューダパンタカのように実践から悟りにたどりつくことはあっても、実践のないところには悟りはないと言ってもいい。そして、その実践とは、禅宗の寺院では、農耕や掃除といった労働も「作務」として修行と見なされるように、生きている時間すべてを貫くものでもあるのだろう。今日でも、寺院住職の心得は、毎朝の勤行よりも掃除をまず一番にあげているが、友司もまた、真澄寺を隅々まで磨き上げていたようだ。まこと教団が設立された一九四八（昭和二十三）年には、立川の真澄寺を本部に、塔頭寺院の密厳院、正信院、西輪院など、また千葉県の威徳寺、茨城県の歩崎観音、長禅寺と寺院も増え、信徒数も五万余を数えるまでに増加していた。教団が急成長しているだけに、真澄寺を訪れる信徒も一気に増え、法要のときなどは立錐の余地もないほどだったが、友司は信徒も使うお手洗いの掃除を率先して行い、塩酸をつけては磨き上げ、常に清潔な状態を保っていたという。

おそらく、真乗も、友司に目に見えるかたちでの仏法というものを確認していたのではないだろうか。真乗が奥義を修した真言密教は、初期仏教が斥けたとされるバラモン教や民間信仰の護摩を始めとする呪術的な祭祀を実践的な修法として取り入れ、教義のなかに体系的に位置づけたが、教相（理論）と事相（実践）という離反しがちなふたつのものが、不二であること、すなわち一体であることを大悟することを真髄としている。つまり、理論は実践のなかにしかなく、実践は理論とともにしかないということになるわけで、それは、醍醐寺の開山、聖宝・理源大師が語った「実修実証」の意味するところでもあるわけだが、友司とは、事相（実践）において教相（理論）の姿を示した人であり、在家にあっても仏道を歩むことができることを身をもって示した人であると言ってもいい。そして、彼女の存在こそが、真乗とまこと教団のあり方を決定したところさえあるのだが、それは後に語ることにしたい。

3　接心

友司は二十歳を目前に真乗と結婚し、翌年、長女を、翌々年には長男を出産した。そして、二十三歳のときに本尊、不動明王を迎え、翌年、真乗とともに宗教専従の道に入ることになる。長男、智文を喪（うしな）ったのも同年だが、その翌年には次男、友一を授かり、立川不動尊教会設立のときは二十六歳。二十八歳のときに次女、孜子を、そして、二十九歳のときに三女、真砂子、三十一歳で四女、志づ子を出産し、三十三歳で終戦を迎えたことになる。まこと教団設立のときに、友司は三十五歳。結婚したときは、「一生サラリーマンの妻で終ると信じて」いた彼女がたどったのは、平穏とは縁のない波瀾（はらん）に満ちた日々だった。

そして、まこと教団が設立された一九四八（昭和二十三）年は、真澄寺が立川不動尊教会として建立されてから、ちょうど十年目に当たるため、十月三日から真澄寺開基十年祭が、三日間にわたって執り行われた。これは教団にとって初の大規模な祭典となったが、三日目には雅楽が響くなか、母親に手を引かれた稚児行列が続き、鮮やかな緋の衣に修験道の大梵天袈裟という出で立ちの真乗が屋外で護摩を修した。全国から集った信徒で、真澄寺は堂外まで人があふれるほどだったというが、このとき、友司は五条袈裟を着て大祭に臨んでいる。

真澄寺開基十年祭で導師を務める真乗（昭和23年10月5日）

袈裟は、言うまでもなく僧侶の法衣であり、小さく裁断した布を縫い合わせて作られる。小さな布を縦に繋いだものを条と呼び、これを横に縫い合わせるのだが、その数によって五条袈裟、七条袈裟などがある。それが僧衣であるということに注意しよう。友司は、真乗の妻であり、五人の子供たちの母親であり、僧侶の伴侶であったわけだが、同時に自らも在家のまま、修行者である姿を全国から参集

真澄寺開基十年祭に五条袈裟で臨む友司（昭和23年10月5日）

した人々に示したことになる。それは、まこと教団の特徴を、こよなく現わすものでもあった。

　すでに語ったように、終戦とともに立川不動尊教会が真言宗醍醐派から分派独立し、まこと教団が設立されたといっても、本尊は不動明王であり、真言密教寺院としての性格は、そのまま引き継がれている。たとえば、その勤行は、仏教における「三宝」、仏・法・僧への帰依を誓願する三帰依文から始まって『妙法蓮華経』観世音菩薩普門品、『仏説聖不動経』『仏説摩訶般若波羅密多心経』、そして真言によって構成されており（『月輪』特別号、一九四八・四）、また教団設立と同年の四月に、教師育成のための智泉寮（後の智流学院）が開講されているが、まこと教団における僧侶は「一、得度　二、加行　三、受戒　四、伝法灌頂　五、法流稟承」の順で相承するものとされ、僧階も権律師から大僧正に至る、真言宗とまったく同じ十五の等級が定められている。つまり、真澄寺は独立したとはいえ、密教の主尊、大日如来の化身である不動明王を本尊とし、出家を基本とする密教の信徒寺としての性格は、立川不動尊教会のときから変わっていないことになる。まこと教団のこうしたありようは昭和二十年を通じて変化することはなかった。つまり、こうしたことを確認していっても、真乗が、あえて真言宗醍醐派から別派独立した理由は見えてこないことになる。その理由は、おそらく、信徒をどのように導くかということにあったのではないだろうか。

これは不動尊教会の時代から、ずっと変わらぬことだったのだが、訪れる人々といえば、自分中心の御利益を求める者ばかり、日照りが続いた夏などは、午前中に農家の人が、この天気では植付けができないので雨乞いの護摩を頼みに来たかと思うと、午後には氷屋が来て、氷がよく売れるこの炎天が続くようにお不動様に頼みに来るといった有様だったのである。相談といえば、病気のこと、商売のこと。友司が山梨に仏の教えを説きに行ったときも、持ち込まれる話といえば「うちの畑がどう、家畜がどうのといった、自分本位のものばかり」（『摂いの途慕』）といった具合で、これでは、煩悩を離れるという仏道も何もあったものではない。本来、密教における「加持」とは、行者が媒介して信徒に加護を与えるというもので、空海は、仏が太陽だとすると、それが衆生の心の水面に映るのを「加」、衆生が心の水面に太陽である仏を映しとることを「持」としており、つまり、それは「如来の大悲」という仏からの働きかけと「衆生の信心」という人間の働きが一致することであることを語っている（『即身成仏義』）。つまり、加持とは、一方的に仏の加護が及ぶといったものではなく、「衆生の信心」なくしては成り立たないものなのだ。

加持に当たって、修法者は、手に印契を結び、口に真言を唱え、諸仏の相を心中に思い浮かべて、本尊と一体化を果たすのだが、これを身・口・意の「三密」という。人間は、心に思ったことを、言葉として口に出し、行為として表わす。つまり、心の働きが言葉の働きとして現われ、言葉の働きが身体の働きとなって現われるわけで、密教以前の顕教においては、こうした身・口・意の働きは「三業」という人間の過ちの多い行為として把握されていたわけだが、むしろ、人間の行為を能動的に仏の働きと一致させようとしたところに密教の特徴と、その修法の意味があると言えるだろう。

つまり、加持によって行者は入我我入し、本尊と一体化を果たすわけだが、そこで初めて仏の働きは行者を媒介者として信徒に及ぶことになる。だが、もし、病気平癒の修法の結果、かりに病気が治ったとしても、それは修法の目的ではない。仏の加護が信徒に及ぶのは、仏道を求める信徒の菩提心の障碍(しょうがい)となるものを除くためであって、そうでなければ、加持祈禱は、仏教以前の原始的なシャーマン信仰、あるいは功利的信仰以上のものではないことになる。徹底した利他の人だった友司も、たびたび自分本位の信仰をいさめている。

人々のしあわせとは自分が自分の本分を守らず、従ってそれに勤めずしてしあわせを希(ねが)うところに、すべて悩みや不幸が求めずしてまわってくるのであります。信仰の道に入って、しあわせになろうとするのもこれと同じであります。自分がみ仏に尽くすこと、仕えまつることを忘れ、自分だけが救(たす)かりたい、よくなりたいと望んでも、決して、しあわせになれるものではありません。

（『藤の花房』第二集）

友司が、ここで語っている「み仏に尽くすこと」とは、勤行や修法のような宗教的

真澄寺にて法を説く友司

儀礼だけを指すのではなく、友司その人が日々の暮らしのなかで示してみせた利他行も含むものであることは、言うまでもないだろう。真乗と友司は、自分本位の信徒を、どうすれば仏法に導くことができるのかを模索していたのだった。出家修行者であるならば、俗事に煩わされることなく修行に専心できるが、社会生活を営む信徒に同じことを要求するわけにはいかない。功利的信仰とも、体系的な教理を持たない素朴なシャーマン信仰とも一線を画した、仏教徒としての菩提向上を目指す仏道を信徒が学んでいくためには、自分自身の心を見つめていく修練が必要なことになる。それは、真言密教における加持のように、仏の心を観じ、自らの心に仏の心を映すような行であり、自分自身の心を深く見つめ直すことで、曇っているところ、歪んでしまったところを知り、日常生活のなかで、その曇りを拭い、歪みを正していくことができれば、俗世の社会生活もまた、友司が身をもって示しているように、自ずと仏道の修行の場と化していくことだろう。

　その修行は、本尊、不動明王と入我我入できる友司の存在なしには成立しなかったかもしれない。真乗が創案した修行形態は、まこと教団の基礎行として位置づけられた。それは、立川不動尊教会以来、変わらぬ密教寺院であった真澄寺と教団にとって、他の密教寺院と自らを分かつものであり、後に「接心」と呼ばれるようになる。混乱を避けるため、本書では、この段階から、まこと基礎行を接心と呼ぶことにしたい。

「接心」とは「摂心」とも書き、心を摂めて乱さないことを意味している。禅宗の寺院では、一定の期間、すべてを抛って、ひたすら座禅をする摂心会の略称でもある。まこと教団から真如苑に受け継がれることになる接心もまた、禅門の座禅に似たものと言うことができるだろう。

　真乗の父、文二郎が曹洞宗の古刹、清光寺の檀家総代をつとめるとともに、清光寺住職、高橋竹迷師と親交があり、よく参禅していたことは第Ⅱ章で紹介したが、竹迷師の述懐するところによると、少年期の真乗は、父とともに座禅を組みに来ていたらしい。ちなみに、高橋竹迷師は曹洞宗近代の文人僧と呼ばれた禅僧で、『山岳の宗教』などの著書もあり、講演のために清光寺を訪れた作家の芥川龍之介が「清光寺の方丈さん（住職のこと）は、高橋竹迷師と申し曹洞宗中の文人なり、方丈さん画を描き僕句を題す」と書き送った手紙が残されている。竹迷師は、少年時代の真乗が、土地神や寺神に必ず手を合わせる礼儀正しい子供だったことも回想しているが、それは家族の影響で培われたものでもあったのだろうし、父とともに参禅したことは、真乗にとって、無意識的なものであるにしろ、初めて経験した宗教的な行であったに違いない。

そうした記憶が背景にあったからかもしれないが、真乗は、自らは真言密教を修めたにもかかわらず、曹洞宗の開祖、道元禅師にも深い敬意を抱いており、道元の言葉を引きながら、接心が禅の精神に通じるものであることを語っている（『月輪』第六号、一九四八・九）。

そもそも、禅は、サンスクリットの「ディヤーナ」の音写で、心を静めて集中することを意味し、瞑想によって智慧（ちえ）に到達するための修行法である。心を定めるという意味と合わせて「禅定（ぜんじょう）」とも言われるが、「ヨーガ（瑜伽（ゆが））」も、ほぼ同じことを意味している。釈尊がブッダガヤーの菩提樹の下で悟りに至ったのも禅定によるものだったわけだが、これは、釈尊以前からインド宗教における修行法として広く行われていたもので、仏教においても、重要な行法のひとつになった。禅宗では、とりわけ、この行を重んじるが、真言密教において、行者が身・口・意の三密を行じ、本尊と感応する入我我入観も、より全身的な密教的禅定と言えるだろう。

まこと教団における接心修行とは「自己の主観を、客観において眺める」ものであり、「自己の魂を、ミーディアム（medium）の鏡に映してみると、自己の主観を、明瞭に客観視できる」と説明されている行である（『月輪』前掲号）。「ミーディアム（medium）」という英語は「巫女（みこ）、霊媒」のように、霊的な世界と現象的な世界をつなぐ宗教的な媒介者を意味している。真言密教ならば、それは本尊と感応して入我我入した行者ということになるが、つまりは、入我我入した行者が媒介者となって、信者一人ひとりの鏡となり、信徒が自らの心を客観視できるようにするというのが、接心という修行法であり、本来ならば出家修行者が修行を深めていくことで、ようやく可能になる禅定を、仏の働きによって実現するものと言えるだろう。これは、密教における加持祈禱の「仏—行者—信者」という三者の力が作用する修法の関係と構造を修行に応用したものであり、修行を積んだ行者だけに可能になる「加持」を、在家で社会生活を営む信徒にも体験できるようにする密教的禅定と言ってもよい。

先に引用した友司の話に出てくるような自分本位の心も、接心修行によって客観視することができる。それは自分の心の曇りや歪みを知ることであり、本来は清浄である自己の心を見い出すことでもあるわけだから、その心の働きによって、家庭や学校、会社といった社会生活における身・口・意という行為を正していくように努めるならば、社会生活もまた、修行の場となるわけで、一般の信徒も、出家者と同じように、生活のすべてを修行として生き、精神的な境地を向上させていくことができる。これが、真乗の考えたことだったが、この接心という修行法自体が、生得の宗教的能力で、不動明王と深く感応し、入我我入できる友司の存在を前提として創案されたことは間違いないように思う。

真乗と友司にとって、仏道を歩むとは、自分たちの悟りだけではなく、悩みや苦しみを抱え、救いを求めて来る人々を、どう導くかという問題にほかならなかった。それは、功利的信仰を超えて、信徒自身が仏道を歩むという形でしか実現しえないというのが、二人の考えだったのではないだろうか。真澄寺は、立川不動尊教会の時代から、信徒寺としての性格を色濃く持っていたが、接心修行を創案することによって、それは、信徒が僧侶に加持祈禱やら何やらを頼みに来るという一般的な信徒寺ではなく、信者自身も、信心という仏への働きかけを意識しながら、精神的修練を重ね、正しく仏道を歩んでいくというものに変わることになった。そのことこそが、真乗が、真言宗醍醐派を離れ、真澄寺という小寺に拠って、あえて新たな教団を創立したひとつの大きな理由だったのではないだろうか。

そして、その象徴が、真澄寺開基十年祭で在家のまま僧衣をまとった友司だったと言えるだろう。

4　真如

阿闍梨とは、サンスクリットの「アーチャーリヤ」の音写で、もともとは古代インドでバラモン教の聖典であるヴェーダの儀式の方法を弟子に教える教師のことをいう言葉だった。それが仏教に取り入れられたわけだが、密教においては、大日如来から脈々と伝えられてきた法流を弟子に伝える資格を持つ師僧を意味している。これは、すでに語ったように、師から弟子へと一対一で伝授されるもので、奥義を極めた証（あかし）として、弟子は阿闍梨である師から灌頂を受けるわけだが、伝法灌頂を受け、法流を相承したあかつきには、弟子も阿闍梨となり、自らも加行を終えた弟子に法流を伝え、灌頂を授けることができることになる。

伊藤真乗が、長期に及ぶ厳しい加行を終えて、真言教主大日如来、さらには弘法大師・空海から師資相承によって受け継がれてきたとされる伝法灌頂を、醍醐寺第九十六世座主、佐伯恵眼阿闍梨から受法し、自らも阿闍梨となったのは、一九四三（昭和十八）年のこと。これによって、真乗は真言密教の奥義を伝授する師僧の資格を得たわけだが、宗門を離れ、新たな教団を設立するとともに、独自の修行次第を完成させる。それが「まこと三昧耶加行次第」、後の「真如三昧耶加行次第」だった。真言密教における灌頂の内容は、たとえ親子であっても一切、他言してはならないという厳しい掟があって、まさに秘められた教えである密教ならではの宗教儀礼となっているのだが、醍醐寺三宝院に伝わる当山派修験道、いわゆる在家法流の恵印灌頂は、恵印七壇法と呼ばれる独特な加行形態を持っており、弁財天法から始まって深沙大将法、金剛童子法、愛染明王法、不動明王法、龍樹菩薩法、大日如来法の七壇法と護摩から成る行を経て灌頂に入るのに対して、真言密教の金胎両部の伝法灌頂は、「四度加行」と呼ばれる十八道、金剛界、胎蔵界、護摩の四つの加行を経て、伝法灌頂に入るのだという。真乗は、在家の法流たる恵印灌頂と、出家者の法流である伝法灌頂をともに修めたわけだが、「まこと三昧耶加行」は、恵印七壇法と四度加行を一体化させたもので、後の「真如三昧耶加行」では、弁才天法、不動法、大日如来法、護摩法、常住如来法という次第になっているのだが、その内容は、明かされていない。その意味では、まこと教団も密教の法流をベースにしているわけだが、同時に、伝法灌頂を受けると、恵印灌頂を顧みない修行者が多いなかで、真乗があえて恵印灌頂を重んじたことは重要だろう。在家の法流を重要視したのは、真乗が友司とともに、あくまでも市井(しせい)の一般信徒を仏道に導くことを重んじたからだろうが、友司もまた一九五〇(昭和二十五)年一月二十日に、まこと三昧耶加行に入壇。弁才天法から始まる行を経て、同年五月に灌頂を受けている。この行を終えた者は、まこと教団における法流を受け継ぐ資格を得ることになるので、友司もまた密教における阿闍梨位に相当する立場となったと言うことができるだろう。

真乗は出家したときから、剃髪(ていはつ)し僧形だったが、友司は有髪のまま、妻として母として在家の社会生活を営んでいたわけであり、真乗と行をともにし、加行を終えたと

真乗から法流を受け継いだ友司

はいえ、出家したわけではない。つまりは、在家のまま法流を相承したわけであり、このことは、在家の一般人が日常生活の場自体を修行の場として、仏道を歩むという在家教団である真如苑の原型となった。

この「まこと三昧耶加行」入壇のときのことを、友司は後に次のように語っている。

涅槃経純陀品（ねはんぎょうじゅんだぼん）の中に「如来わが教団にありて常に法を説き……」という一句がございますが、これは如来性品に「菩薩の行を修めゆくものは、諸々の声聞・凡夫の如くに三宝を分別してはならない、この大乗（涅槃経）には、仏・法・僧と三帰分別の相はない」と示されていることによって理解できると思います。

人々は往々にして、仏・法・僧と別々に考えてしまうところから、非律不証してしまうのではないでしょうか。

私も、かつて（昭和二十五年）加行を修し数々の真如秘法を、教主（真乗のこと）から伝授いただきましたが、その日は、夫であっても教えの師として、その前に五体投地の礼をもって法をうけました。

子供たちも、父に対して、単に肉身の親というだけでなく、教えの師として敬い、慕（した）っております。

（『藤の花房』第一集）

これは「三宝一体」と題された一文なのだが、仏教における「三宝」とは、聖徳太子の『憲法十七条』に「篤（あつ）く三宝を敬え。三宝とは仏・法・僧なり」とあるように、「仏・法・僧」のことを指す。つまりは、真理である法（仏法）と、それを説いた仏と、仏の教えを伝持する教団のことを指すのだが、この三宝が一体であることが、教えを護持するうえで重要なことを友司は語っていることになる。ちなみに、宗教学においては、自然発生的な民族宗教に対して、キリスト教やイスラム教、仏教といった成立宗教（EstablishedReligion）の条件を、（一）開祖がいること、（二）教義と、それを伝える聖典があること、（三）教団があることの三つの条件を挙げているが、「三宝」の仏・法・僧は、この三つの条件に相応するのは言うまでもないだろう。また、

「非律不証」は、『大般涅槃経』金剛身品に出てくる言葉で「是律応証」と対を成す。後者が仏法に即して心と行いを省みて改めることを意味するのに対して、前者は我欲にとらわれ、仏法をないがしろにすることを言うものである。

こうしたことを了解したうえで、重要なのは、友司が受法に当たって、五体投地拝をもって真乗に礼拝したという述懐だろう。仏や師僧に対する礼拝は、合掌して頭を下げる軽いものから、全身を大地に投げ出す深いものまで、古くは三種、九種に分けられたが、両ひじ、両ひざ、そして頭の五カ所を大地につけて拝する五体投地は、仏教の最上の礼法とされるものであり、友司は真乗を夫でありながら、仏法の師として、最大の礼でもって拝したことになる。そして、加行を終えた友司に、真乗は法名を与えた。つまり、友司は在家のまま教団の僧となったことになる。

その法名とは、「真如」だった。

「真如」とは、サンスクリットの「タタター」の訳語で、原義は「あるがままの姿」を意味し、宇宙を宇宙たらしめている真理であるダルマ（法、仏法）が、如実に現われた姿を言うものである。中国と日本仏教に大きな影響を与えた大乗仏教の論書『大乗起信論』は、「真如」という概念の精緻な分析で知られているが、真如とは、この世には現われない永久不変の本性であり実相であるとともに、この世界にあって変化して止まないあらゆる事象そのものであることが語られている。真乗は、この言葉について『金光明最勝王経（こんこうみょうさいしょうおうきょう）』如来寿量品を引き、次のように語っている。

親交があった徳富蘇峰が真乗に贈った揮毫の「真如」

「……世尊は不思議なり、妙体に異相なし、衆生を利せんが為の故に種々の荘厳を現じ給う。真如のみ是れ実にして余は皆虚妄なり、実性の体は、即ち是れ真如にして、真如の性は即ち是れ如来なり、名づけて涅槃とす」

とあり、真如の本当の相は如来の真実の相であると共に、仏法の究極たる涅槃（さとり）であることが明らかにされています。（『一如の道』）

つまり、真乗は、真如＝如来＝涅槃（さとり）と考えていたわけだが、仏の悟りであり、仏法が現われた世界が、真如の意味するところであると考えることができるだろう。この言葉を、友司の僧名とした意味は、きわめて大きいものがある。

歴史上、真如という法名を持った僧として、もっとも知られているのは、空海の十大弟子のひとり、真如親王だろう。真如親王は、平城天皇の皇子として生まれ、嵯峨天皇の皇太子となって次の天皇位が約束されていたが、八一〇（弘仁一）年に勃発した薬子の変によって廃位され、空海のもとで伝法灌頂を受けた。真如の非凡さは、六十歳を超えた身で、さらに教えを求めて入唐し、そのうえ、インドにまで仏法を求めようとしたところにある。真如は広州から出航したが、羅越国（現在のマレーシアとされる）で虎に食われたとも、腹を空かせた虎に、自らの身を投げ出したとも伝えられている。作家、澁澤龍彦の遺作となった『高岳親王航海記』は、この真如親王の最後の旅を描いたものだが、真乗も、後年、老いた身をもって初めてインド入国を試みた日本人である真如の道を求めて止まない精神を高く評価し、マレーシアで「真如法親王慰霊法要」を執り行っている。それは、一九七一（昭和四十六）年のことであったが、真如という法名には、真如親王に見られるような求道精神もこめられていたのかもしれない。

真言密教の教理のなかでは、ダルマ（法、仏法）そのものを人格化した主尊、大日如来の浄土を密厳（みつごん）浄土と呼び、究極の境地とするのだが、それは、死後、往生するのではなく、肉身のまま身・口・意の三密行（ぎょう）で入っていくことができるとされている。真乗にとって、「真如」とは「密厳浄土」にほかならなかったのだろうし、もっとも大切な言葉であり、仏教者としての理想であったのではないだろうか。

後年、真如とは、友司ひとりの法名ではなく、自分と友司ふたりの名前なのだと真乗は語っているが、これは、伊藤真乗と伊藤友司ふたりの仏教者の実現すべき理想の名でもあったのだろう。

また、友司が祖母・内田きん、伯母・油井玉恵（ゆいたまえ）と受け継がれてきた宗教的能力を相承してきたとされていることは語ったが、その能力は、真乗と結婚し、本尊、不動尊との感応によって初めて顕現したものであった。それは、真乗が厳しい研鑽（けんさん）の結果、身につけた法力、密教的行者能力とはあり方が違うものだったが、真乗は、まこと三昧耶加行によって、空海から聖宝へ、下っては佐伯恵眼師から真乗へと相承されてきた真言密教の法流を友司に付法することで、友司の宗教的能力を、密教の血脈（けちみゃく）と体系のなかに位置づけようとしたのだとも思われる。

実際、こうした宗教的能力というものは、合理的なものではないので、説明することがきわめて難しい。ただし、密教の高僧に関しては、その類稀な法力が伝えられている行者が多いのも事実である。真乗は、行者が本尊と一体化する入我我入が深まると、修法者が本尊に変化したりすることを語っているが（『月輪』創刊号、一九三九）、十世紀の第十八代天台座主、良源は、宮中で五大尊法の秘法を修し、火炎を背負った不動明王を化現、居並ぶ貴族は怖れて合掌礼拝し、円融天皇から褒辞を賜ったという記録がある。また、十二世紀に、平安末期から流行していた浄土思想を密教思想のなかに位置づけて真言密教の改革をはかり「真言宗中興の祖」と呼ばれる興教大師・覚鑁は、高野山金剛峯寺の座主にまで登り詰めたが、伝統派の反発に遭い、高野山を去って紀州の根来寺に拠り、新義真言宗の派祖となった。覚鑁もまた、不動尊を厚く信仰したが、彼にも不動明王に化現したという伝承がある。伝統派の衆徒が、覚鑁のこもる密厳院の不動堂に大挙して押し寄せたところ、暴徒が目にしたのは、火炎に包まれた二体の不動明王で、一体が本尊なら、もう一体は不動尊と深く感応した覚鑁にほかならないわけだから、それを確かめるために錐で不動尊の膝を刺してみたところ、不動尊は二体とも血を流し、暴徒は恐れおののいて逃げ出したという、その伝承は「錐鑽不動の伝説」として名高い。

こうした密教系の高僧をめぐる数々の伝承は、たんなる伝説としてとらえられるのが普通だが、法力とその結果としての霊験というものは、本質的に心的な領域、しかも経験的なそれに属する宗教という内的経験が現象化したものだと考えられる。宗教という心的な領域で、現象として不思議なことが起こっても、信仰を持つ人にとってみれば、それは内的な経験の現象化として受け止めることができるが、信仰をともにしない人にとっては、それは、ありえない話でしかなく、両者の認識が交差することはない。ここで、重要なのは、真乗も友司も、不思議なことは起こりうるが、それ自体は決して目的ではないことを確信していたことだろう。たとえば、病気平癒を祈願する修法を行じて、病気が治ったとしても、それ自体は目的ではなく、それは信徒が仏道を歩み、精神性を向上させていくための仏の働きなのであって、病が治っただけで満足してしまうのでは、たんなる功利的信仰にすぎない。だからこそ、密教的禅定とも言うべき、接心修行を創案したわけだし、在家のままでも仏道を歩む人が増えれば、自ずとこの世界も、真如＝密厳浄土に近づいていく。それが、真乗の目指したものだったろうし、それを身をもって示したのが友司だった。

問題は、密教的禅定である接心には、入我我入できる媒介者が必要であるということで、媒介者は、本尊と入我我入できる密教的行者能力を備えていなければならない。そして、教団で、その能力を具現できるのは、真乗と友司のふたりしかいなかった。ふたりだけでは、数千人を数えるようになった信徒一人ひとりに対応することは、とてもできない。しかし、この問題は、思いがけない解決を見ることになる。真乗のもとには立照閣の時代から、内弟子が集い始めていたが、篤信の修行者のなかから「入我我入」の状態に入って、接心の媒介者となることができる信徒が生まれ始めたのである。真乗は、当時、日本に紹介されていたスピリチュアリズムの影響からだろうか、彼らを「霊能者」と呼んだ。この言葉は、当時は新鮮だったのだろうし、真乗にしてみれば、新しい時代に即して、あえて仏教用語を避けたのかもしれないが、霊能者という言葉は、今日では誤解を招きやすいものとなっているのは否めない。また、彼らは、接心修行においては、入我我入する密教的行者能力を発現できるわけだが、真乗や友司のように、修法を始めとする密教の全体にわたる能力を持っているわけではないので、本書では、彼らを「密教的媒介者」と呼ぶことにしたい。

在家の信徒を導く修行も確立し、教勢も伸びていった。仏徒として歩むこと以外には、何も問題はないはずだった。ところが、思いがけない事件が起きる。一九五〇（昭和二十五）年八月二十日、真乗が、突然、警察に逮捕、勾留されたのである。それは、友司にとっても、まこと教団にとっても、青天の霹靂以外のものではなかったことだろう。

5　法難

真乗の突然の逮捕は、元弟子の誣告によるものだった。首謀者は当時、二十五歳の青年だったが、父親を早くに亡くし、真乗と友司の後見で大学に入り、卒業とともに真澄寺に入って、真乗の内弟子となった。この青年に、真乗も期待するところが大きかったのだろう、彼は、まこと教団設立に当たって、弱冠二十三歳にして教務総長という要職に就き、管長である真乗に次ぐ立場となった。一青年僧が、若くして伸張しつつあった教団を左右できるほどの立場となったわけで、その増上慢が招いた出来事だったのだろうか、彼は女性信者との不祥事という、出家者にはあるまじき所業の責任を取って、一九四九（昭和二十四）年に教務総長を辞し、教団を去ったのだった。

真乗は、この青年が父親を亡くした十六歳のときから、親がわりとなって生活の面倒を見るだけではなく、仏教者としての教育もしてきたのだが、その期待は、思いもよらない形で裏切られることになった。彼は、修行という名目で自分が暴力を振るわれたと、真乗を告訴したのである（『一如の道』）。

新聞各紙は、こぞってこの事件を大きく取り上げ、ラジオもニュースとして報道、「まこと教団事件」として世に知られることになるのだが、真乗は八月二十日深夜に逮捕されたあと、八王子刑務所に移され、未決勾留日数三十日を含む四十日間と、異例の長期にわたる取り調べを受けた。真乗が真言宗醍醐派から独立して、まこと教団を設立していなければ事情は違ったのかもしれないが、宗門から離れた段階で、教団が新宗教と見なされるのは仕方がないことだったのだろうし、新興宗教といえば、いかがわしいものという先入観から、教団は興味本位の報道に晒され、激しい社会的な糾弾（きゅうだん）を受けることになったのである。

新興宗教の不祥事とばかりに、世間は、まこと教団をあざ笑い、罵詈雑言（ばりぞうごん）を浴びせた。真澄寺は黒山の人だかりで、石を投げる人、罵倒する人で埋（うず）め尽くされ、たいへんな騒ぎになったという。それまでは、厳しくも張り詰めた静けさのなかにあった真澄寺が、一変したのである。このとき、次男・友一は十三歳、三女・真砂子は八歳、四女・志づ子は六歳だったが、子供たちも謂れなき虐めに遭うことになった。友一は、前年から持病の股関節カリエスのために松葉杖にすがって歩く身となっていたが、まこと教団事件が起こってからは級友たちから罵倒され、松葉杖を取り上げられるなど、さまざまな精神的苦痛を強いられたという。新学期が始まってまもなく、友一は友司に学校に行くのは、どうしても嫌だと訴えたのだが、友司は、本尊、不動明王の前に友一を誘い、ともに祈り、ともに泣いたあとで、次のように諭した。

幼い頃から法嗣として期待されていた次男・友一。友司とともに

「友一、お前が学校に行かないと聞いたら、お父さんがどんなに悲しむだろう。苦しい目に遭っているお父さんに、その上、心配をか

けて良いと思うか。

このくらいの苦しみに負けて、学校へ行かないなどと我儘（わがまま）を言ったら、とてもお父さんの後にはつづけないよ」

（『一如の道』）

厳しい言葉だが、ともに祈り、ともに泣く母の言葉だけに、友一もこれを受け止め、しばらく泣いたあとで「分かりました」と言って立ち、それからは、一切泣き言を言うことはなかったという。それどころか、彼は必死に妹たちをかばい続けた。真砂子は、当時のことを次のように回想している。

「お前の教団はインチキ宗教だ」と言われては石を投げられる。かがめば石は無数にありますもの、それが全部、投げる石になりますでしょ。私たちは的としては小さいけれど、真導院（しんどういん）さま（友一）は松葉杖をついて、私たちをかばいながら逃げるのです。それでも負けず嫌いなご性格でしたから、修行に、勉強にと、ただ一心でした。

（『金剛の舎』）

松葉杖を使用していた次男・友一

幼い子供たちが、学校では心ない罵倒に苦しめられ、登下校のときは石礫(いしつぶて)で打たれるのだから、その苦しみは筆舌に尽くし難いものであったことだろう。真砂子は、この時期、「外で遊ぶこともできず、遊んでくれる友達もいなかった」ことを述懐している。

教団は壊滅(かいめつ)の危機に瀕(ひん)していた。社会的な状勢は、教団にとって、あまりに不利で、解散を余儀なくされる状況としか思えなかったのである。そうしたなか、真乗不在の教団をひとりで支えたのが、友司だった。

それまで多くの信徒であふれかえっていた真澄寺だが、今や信徒の足も遠のき、閑散たる有様だった。不安に駆られた教団の

友司は時に力強く信徒を導いた
(昭和29年4月8日)

塔頭(たっちゅう)寺院の住職や信徒が押し寄せたとき、友司は毅然として次のように語り、信徒の動揺を収めたという。

最悪の場合は寺院没収ということも考えなければならない。弟子の裏切りによって、このような不祥事を引き起こしたということは、全く自分の不徳の致すところで申し訳ない。もし、そういう最悪の場合は、皆さん方の寺院は一年に一カ寺ずつでも建てて必ずお返ししてゆきます。

友一と二人、お不動さまを背負って第一歩から出直しますから安心して下さい。

(『内外時報』一九七〇・八)

この友司の言葉は、信徒の間に広がっていた不安を鎮めるものになったが、子供たちを支え、教団をひとりで支えなければならなかった友司の胸中は、いかばかりだったのか。今となっては推し測る術は残されてはいない。ただ篤信の信徒が願を立て、三十七日間、真澄寺に朝参りしたとき、夜明け前から、不動尊を前に一人祈る友司の姿があったことを伝えている。そして、感極まって、ある日、声をかけた彼女に、友司は次のように語ったという。

大丈夫ですよ。皆さんが私を捨てても、私は絶対に皆さんを捨てませんから——。

たとえ解散になっても、それは振り出しにもどったことだから、友一と二人、お不動さまを背負って第一歩から出直しますから安心して下さい。

（『内外時報』一九七〇・八）

「友一と二人」という発言から察するに、事件直後、友司は、真乗が投獄されるという最悪の事態も覚悟していたのかもしれない。どちらであれ、いざとなったら本尊を背負って出直すという決意で、真乗から法流を相承した友司は、今やひとりの仏教者として立つ揺るがぬ不動心を持っていたことが理解できるように思う。

しかし、危機が去ったわけではなかった。友司は、第一線に立って、教団のことのみならず、裁判や関係官庁との折衝など、すべてに当たらなければならなかった。その姿は、真剣白刃取りのようであったという。このとき、友司は、助力を求めるため同郷の元国務大臣、樋貝詮三（ひがいせんぞう）氏を訪問している。樋貝詮三は、一九四六（昭和二十一）年、戦後初めて行われた衆議院総選挙に郷里、山梨から出馬し当選一回の新人議員でありながら衆議院議長に就任し、日本の戦後改革を取り仕切った人物である。その後、衆院選で三期、国会議員に選出され、第三次吉田茂内閣では、国務大臣・賠償庁長官を務めた。このときの友司の様子を、樋貝詮三氏の娘、樋貝千枝子氏は次のように回想している。

父は戦前からの永年の官僚生活を離れ、政界に入り、国務大臣職に就いておりましたので、人の出入りも激しく、従って沢山の方とお目にかかる機会も多うございましたが、質素なお着物を召され、わざわざ表玄関をさけて脇口より私宅をお訪ねくださり、お茶などをお出ししますと、きちんと威儀を正して、合掌されてから召し上がられたお姿が美しく、ひときわ印象深く心に残っております。

さて、摂受心院様がお来しになられました翌日、私は父より、まこと教団の〝法難〟を報じた記事をさがすよう命じられました。そして、集めました記事に目を通しておりました父はやがて、今度は当時、法曹界の第一線で活躍しておられた池田克先生（満尾叶、井出甲子太郎先生もご一緒に協力されたということでございます）をお呼びするように申しつけられまして、電話いたしました。

ここで私は、その〝法難〟渦中の奥様であることを知ったのでした。父は摂受心院様が何一つ包みかくさず、赤裸々に教団内部のことを話され、自身はどうなろうとも正しい教えを護り、信者さんの不安を取り除いていこうとなさる真摯なお姿に、心打たれたようで、さっそくお訪ねくださった池田先生に、金銭を抜きにして、教団擁護に立ち上がってくれるよう頼んだということでございました。

（『藤の花房』第二集）

友司の信念が、元国務大臣の要職にあった樋貝詮三氏を動かしたことを明らかにする証言だが、同時に毅然として教団の危機に臨んだ友司の姿も浮かび上がってくる。

また、「何一つ包みかくさず、赤裸々に教団内部のことを話され」という一節も、当時の友司が、捏造された事件に対して、何も隠さないことが真実を露わにする道なのだと確信していたことを伝えている。まこと教団事件では、少なからぬ信徒も事情聴取に呼び出されたが、友司は、彼らに対しても、ありのままを語るように力づけたらしい。

樋貝詮三氏の助力もあって、真乗には、後に最高裁判事となる池田克氏を中心に、満尾叶、井出甲子太郎氏という弁護団が組織されることになった。井出甲子太郎氏は、当時を回想して「私どもが心配しましたことは、この問題で教団が壊滅するのではないかということでありました」と語っているほどで、友司の苦難は、まだ続いたのである。

Ⅵ　再生

1　法嗣の死

一九五〇（昭和二十五）年、八月二十日の深夜に逮捕された真乗は、厳しい取り調べを受けたが、九月二十六日に、ようやく保釈され、真澄寺に戻った。その日のことを、三女、真砂子は次のように回想している。

兄は松葉杖をつきながら、学校に通う森の中で、何処からともなく飛んでくる石から私たちを守ってくれた。私たちは、罪人の子として、友達からこづかれ、泥のなかに押し倒され、石を投げられるなかを、み仏を信じ、歯をくいしばって通ってきた。

間もなく父は、獄舎から家へ帰ってきた。その時は、皆が声を出して泣いた。父も、母も泣いた。（『一如の道』）

この時点では、真乗は被告であるわけだが、文中の「罪人の子」という言葉は、世間の目が真乗を、すでに犯罪者としてしかとらえていなかったことを示している。この事件のために、教団の機関誌として発行していた『不動』も、真乗逮捕の年に刊行が始まった機関誌『内外時報』も休刊を余儀なくされ、まこと教団としては、自分たちの主張を公にする手段も失っていたのである。

そうしたなか、事件の真相を見抜いて真乗と教団を擁護したのが、白龍閣の北村研だった。白龍閣は欧米のスピリチュアリズムの影響を受けて創立された日本心霊科学協会から、実業家であった北村研が独立して立ち上げた研究所だが、真乗と交流があった北村は、白龍閣の機関誌『霊光』で、擁護の論陣を張るとともに、友司とまこと教団に誌面を提供するなど、支援を惜しまなかった。

『霊光』一九五〇（昭和二十五）年八月二十六日号で、北村は、ジャーナリズムと世間が新興宗教として指弾するまこと教団は「純仏教」であること、元弟子の訴えは

「誣告」であり、事件は「法難」にほかならないことを強調し、真乗の無実を訴えた。

　裁判で事実が少しずつ明らかになるにつれ、事態は好転していくようにも思われたが、当時は、戦後、雨後の筍のように次々と誕生した新興宗教への批判が声高になるとともに、人権尊重が病的なまでに取り沙汰された時代である。検察側の証人が自らの偽証を認めて法廷が騒然となったりする場面もあったというが、何よりも決定的だったのは、原告である元教務総長がリンチを受けたと主張する修行の場は、原告自らが懺悔の行を申し出たもので、しかも、真乗はその場に立ち会っておらず、まったく関与していなかったことが明らかになったことだろう。つまり、それは何か問題があったとしても、弟子同士の問題でしかなかったことになるが、そのうえで、さらに真乗が、教団の管長として指導責任を問われることになったのだから、これは新興宗教を弾圧しようとした当時の風潮としか言いようがない。そして、教団の存続さえ危ぶまれる危機的な状況のなか、真乗と友司は、長男・智文の死に続く大きな悲劇に直面することになる。

　それは、わずか十五歳の次男・友一の死であった。

　友一は、智文の死の翌年、一九三七（昭和十二）年四月八日に生まれた。四月八日

次男・友一は昭和12年4月8日に生まれる

は、釈尊誕生の日、すなわち降誕会にほかならず、そのため、信徒は、友一を智文の生まれ代わりとも、仏子とも噂したという。友一は、十歳にして本尊と深く感応して、真乗や友司のような密教的行者能力を現わすほど、宗教家として優れた資質を発揮し、真乗や友司はもちろん、信徒も、友一を次代のまこと教団を担う法嗣と見なしていたのは、当然のことであった。しかし、友一は生まれつき病弱で、股関節カリエスを病み、十一歳のときから松葉杖にすがって歩く身となる。そして、真乗を被告とする裁判が続くなか、一九五一（昭和二十六）年七月、病状が悪化したため、順天堂医院に入院したのだが、状況は好転せず、一年に及ぶ闘病生活のなか次第に衰弱し、還らぬ人となったのだった。

友一の闘病が、法難と時期的に重なるものであったことは、後になると運命的なものを感じざるをえない。友一は、脊髄注射や心臓にたまった水を取るために針を刺す穿刺など、激痛を伴う治療に耐え、「注射が痛いと思うのは、まだ僕に感謝が足りないから」と語り、一方、友司は可能な限りの看病の手を尽くして、一年に及ぶ入院であったにもかかわらず、友一に床ずれひとつ作らせなかったため、母子ともに順天堂の看護師たちを感嘆させたという。

一方、友一が入院した一九五一（昭和二十六）年四月には宗教法人法が発令され、真乗は、翌月、池田克氏ら弁護団と相談のうえ、「まこと教団」を「真如苑」と改称し、事件の渦中にある自らは管長を退き、友司を苑主として、教団の再出発を決意する。しかし、真如苑が発足したといっても、文部省（現・文部科学省）から宗教法人として認証がおりなければ、教団は解体するしかない。予断を許さぬ状況のなか、翌年、一月二十一日には、友一の病室に「重症患者」の札が架けられる。その二日後に、真乗は日記に次のように記している。

友一の稚児の導師姿。次代の教団を担う法嗣と期待された

午後二時半、病院着。二十一日より重症患者としての札を掛けられた。
苑主（友司）は泣いていた！　母として身もよもないだろう。
（『金剛の舎』）

容態は次第に悪化していった。ある日、医師の回診が終わったあと、友一は母に「お母さん、先生が、もう伊藤くんは駄目ですっておっしゃったでしょう」と尋ねたら、友司は寂しそうに、しかし微笑みながら「ええ、そうおっしゃってましたよ」と答えたという。友一は軽くうなずいて、そのまま静かに休んでいたことをそばにいた看護婦長が語っているが（『摂いの途慕』）、それは母子ともに死を従容して受け入れようとする驚くべき光景であると思う。

一九五二（昭和二十七）年七月一日、宗教法人「真如苑」認証に関する書類が文部省に提出、受理されたのだが、その知らせを聞いた友一は、安心したように深い眠り

友一により撮影された父（真乗）と母（友司）。入院中のベッドから

に入った。昏睡状態の友一に、友司は泣き濡れながらも、悲しみを超えて次のように語りかけたという。

友一、智文さんのところへ行くのよ。お不動様の元に帰るの。友一は四月八日、お釈迦様と同じ日に生まれたお不動様の子だから、わかるわね。男なら潔く……。お父さんもお母さんも、今に行くのだからね……。

（『一如の道』）

この言葉に、意識のないはずの友一が、大粒の涙をこぼしながらうなずいたことを、その場にいた内弟子が目撃している。そし

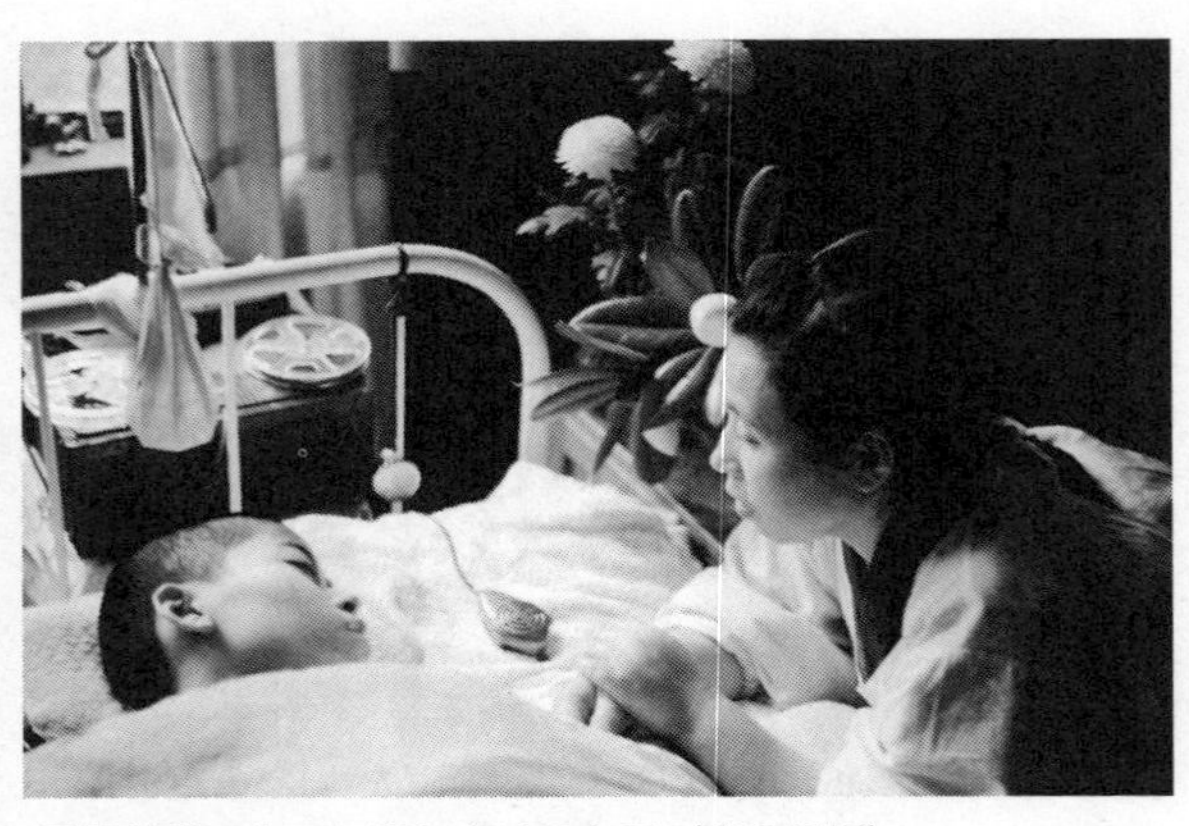

昏睡状態の友一に語りかける友司（真乗撮影）

て、友一は七月二日の午前六時五十五分に、行年十五歳で永眠したのだった。

告別式は、七月四日に真澄寺で執り行われた。友一は白装束ではなく、生前、もっとも好んでいた学生服に身を包み、柩（ひつぎ）は真乗と近親者が見送るなか、霊柩車に乗せられた。そのとき、奥の間から友司が小走りに出てきて「友一！　友一！　これを入れ忘れたから持っていって」と叫んだが、着物の裾につまずいて、前に倒れてしまった。霊柩車はすでに火葬場に向けて出発してしまった後だった。ようやく立ち上がって縁側から霊柩車を見送る友司の右手には、純白のハンカチが握られていた。看病疲れのため白く透明で悲愴（ひそう）なまでの友司の顔は、涙で濡れていたという（『摂いの途慕』）。

伊藤友一、行年、十五歳。法号、真導院友一本不生位。このとき、兄・智文にも教導院智文善童子という法号が追諡されている。

翌一九五三（昭和二十八）年、五月十六日、「宗教法人真如苑」は文部大臣の認証を受け、四日後には宗教法人としての登記が完了している。裁判での結審を待たずに、教団は解散をまぬがれ、新たな出発をすることになったわけだが、それは法難と法嗣の死という苦難と悲劇を礎にして、ようやく実現したものだった。教団の存続は、あたかも真導院友一の死と引きかえに実現したかのようにさえ思われるが、同時に、それは、たんなる教団名の改称ではなく、新たな仏教の法流の誕生を意味するものとなったのである。

2　常楽我浄

一九五〇（昭和二十五）年十二月、八王子地方裁判所で始まった裁判は、約三年後の一九五四（昭和二十九）年一月、東京霞ヶ関の高等裁判所で結審となったのだが、誰もが無罪を確信していたにもかかわらず、結末は意外なものとなった。原告が暴力を受けたと主張する修行の場に、真乗は立ち会っておらず、教唆などの関わりを一切持っていなかったことが明らかにされたにもかかわらず、真乗は教団主管としての指導責任を問われ、懲役八カ月、執行猶予三年の有罪判決が下ったのである。しかし、宗教法人として認可が下り、教団の存続がすでに認められている以上、控訴して無罪を争うよりは、教団の再出発をはかるべきだと、真乗と友司は考えたようだ。たしかに、それが仏教者としては本道であるのは間違いないが、まこと教団事件が社会化するとともに信徒も離れ、かつては境内まで立錐の余地もないほど信徒が参集していた真澄寺も、いったんは閑散たる有様になっていたことを考えると、教法を護り、教団の再編をはかることは急務でもあったのだろう。

同時に、真乗は、胸中に大きな問いを抱えていたのではないだろうか。後に真乗は、次のように回想している。

かつての〝法難〟では、嘲笑の中に、邪教よ、新興宗教よ——と、罵詈讒謗を浴びつつ、今日があるのだが、自身の不徳のいたすところとは言え、長いこと、

真乗が弟子の懺悔を祈り刻んだ「智流学院」の扁額

慈しみ、育んできた愛弟子に裏切られた悲しさは、言外のものであった。

（『燈火念念』）

だが、真乗は、告訴されてからも、教務総長まで任せた、かつての愛弟子の仏教者としての改心を期待していた。まこと教団が設立された一九四八（昭和二十三）年に、教団の教師養成のために智泉寮が開講され、真乗を誣告した元教務総長は、この智泉寮の代表も兼任していた。つまり、彼は、教団の教師を育成する責任者の立場に就くほど、仏道に励んでいたわけだが、いつしか堕落して女性関係の不祥事を告発され、役職を辞任し、改心を拒んで教団を自ら去っていったわけである。智泉寮は翌年、智流学院と改められたが、彼が辞任した一九四九（昭和二十四）年に、真乗は、自ら刻字して「智流学院」という扁額を刻んでいる。そして、その額の右下方には、元教務総長の名前と彼の懺悔を祈るという漢文が篆書体で刻まれている。

この扁額は、法難のあともずっと掲げられ、今でも学院の講義室に、そのまま残されているが、それは真乗の偽らざる気持ちだったのだろう。

一方、友司には、いまだに解消できぬわだかまりがあったと思われる。それは、母もとよとの関係である。

法難のあと「立派な宗教なら、ああした事件（法難）もなかったろう、他の病を癒すことができるなら何も自分の子供を亡くすことはないではないか」という批判の声には、動かされない信仰心を持っていた友司だが（『藤の花房』第二集）、六歳のときに自分と妹を置いて他家に嫁ぎ、母を呼びながら死んでいった妹を思うとき、母もとよに対する感情が穏やかなものではなかったことは、想像に難くない。友司自身も、自らの気持ちを次のように回想している。

遠足のときなどは、山一つ越して学校があるのですから、おくれたら大変だと思って、前の晩に自分でのり巻きをつくって、端の方は朝食べるようにし、まん中のところをお弁当につつんで用意し、きるものから、はくものまで枕元にそろえて寝たものです。兄がそれをみて「下駄ははくものだから忘れないだろう」といって笑いましたが、私には朝早く起こしてくれて、お弁当を包んで渡してくれる母がいなかったのです――。何かにつけて、「お母さんがいてくれたら、お母さんさえいてくれたら……」と、母をしたう心が、いつか怨みにさえ変わってゆきました。

これは、一九五四（昭和二十九）年に発足した真如苑青年会の雑誌『青苑』の一九六五（昭和四十）年四月に刊行された第六号に掲載された「与えられた試練」と題する友司の文章の一節であり、友司が執筆したとき、彼女は五十二歳だった。すでに友司は六人の子の母であり、しかも長男と次男、ふたりの子供を喪っている。母親であることの喜びも苦しみも、ともに知ったうえで、なおも母のことを語っているということは、彼女にとって、少女期の母の不在が、どれだけ大きな悲しみであったかと、ただ慕うばかりではない複雑な感情を抱かざるをえなかった出来事であったことを物語っているように思う。

仏道を、それなりに歩んでも、不祥事をしでかし、懺悔を誓いながら、それも実践しないばかりか裏切る青年がいる。一方では、他者の苦しみを一身に引き受けるかのように、十五歳で生命の燈火が消えていく少年がいる。そして、修行を重ねても、消えない母への煩悶（はんもん）がある。そうしたすべてを救済しうる教えというものはないのだろうか？

　おそらく、それが仏教者として真乗と友司が直面していた問いではなかっただろうか。友一は、亡くなるひと月前に、見舞いにきた真乗の内弟子に「僕は立川に帰れないが、教団が大きくなることよりも、一人でも多くの人が救われることが僕は一番うれしい」と語ったという。それは、わずか十五歳で自らの死を受け入れ、仏の四つの誓い、「四弘誓願（しぐぜいがん）」のひとつである「衆生無辺誓願度（しゅじょうむへんせいがんど）」（存在する一切の生きものを限りなく救っていこうとする誓い）を語った友一の遺志を実現するためにはどうしたらいいのかという問いでもあった。

　そして、真乗は、その答えを釈尊入滅（にゅうめつ）前の最後の教えとされる『大般涅槃経（だいはつねはんぎょう）』のなかに見い出したのである。不思議な法縁による不動明王との出会いが、真乗と友司を仏道へとうながしたように、『涅槃経』との出会いが真言密教から始まった新たな法流を確立させ、真如苑を、それまでになかった在家の仏教教団へと変貌させることにつながったのだった。真乗は『涅槃経』との出会いを次のように回想している。

釈尊の遺教、『大般涅槃経』

一切衆生を救う道を模索してあらゆる経典を繙き、最後に『諸経中の勝』たる大般涅槃経を探し得たときの感激は、忘れることはできません。
（『法の琴譜樹』）

子供のころから読書家で、「み仏の教えも、〝言葉〟を通じて、他に伝えられるのであるから、私どもは〝言葉〟に関して、放逸であってはならないと思う」（『燈火念念』）と語り、言葉を大切にしていた真乗が、引用した一文では、「感激は」「忘れることは」と限定の副助詞である「は」を重ねて用い、強調していることに注意しよう。

これは、『涅槃経』との出会いの感激の大きさを伝えているのではないだろうか。真乗は『涅槃経』を所依の経典とするのだが、その意義は大きい。そして、それは、友司にとっても意に適うものであったのではないかと思われる。

仏教は言うまでもなく、釈尊から始まるわけだが、釈尊は、人間には「生・老・病・死」という四苦、思うにまかせないことがあるのはなぜなのかという疑問から出家し、三十五歳のときに、宇宙を宇宙に、生命を生命たらしめている真理であるダルマ（法、仏法）を悟って、ブッダ（仏陀）となった。サンスクリットの「ブッダ」とは、本来は「目覚めた者」を意味する普通名詞であり、誰であれダルマを悟った者はブッダたりえたわけだが、釈尊入滅後、その教えがさまざまな経典として編纂され、教団での伝承体制が整えられるとともに、当然のように釈尊の地位は傑出して高められるようになる。その結果、たった一度の人生で釈尊のような偉大な聖者が生まれるはずはないという思いから、釈尊は幾度となく生まれ変わり、過去世において修行を積み重ねた結果、現世に生を享けて、ついに悟りを開いてブッダになったのだという信仰が生まれた。釈尊の過去世での修行を物語化した説話文学も生まれ、パーリ語聖典のなかには五百四十七もの物語が伝えられている。これをジャータカと呼ぶが、平安時代から、日本でも『本生譚（ほんじょうたん）』として紹介され、わが国の仏教観にも大きな影響を与えた。

この過去世での修行の結果、ブッダになるという発想が、紀元前後から始まる大乗仏教の時代においては、釈尊以外にもさまざまな仏を生み出し、多仏の世界を形成するひとつの要因となる。阿弥陀如来や薬師如来は、前世の修行の結果、悟りを得た仏とされ、これを「報身仏（ほうじんぶつ）」と呼ぶ。ちなみに「如来」とは「ブッダ（仏陀）」と同義で、仏陀が、真理であるダルマ（法、仏法）に目覚めた者という意味であるのに対して、如来はサンスクリットの「タターガタ」を意訳した言葉で、真理に到達した者、真理より来たれる者を意味している。

実際に存在したわけではない報身仏に対して、現世の衆生を救うために身を現わし、歴史上、実在した釈尊を「応身仏（おうじんぶつ）」と呼ぶが、釈尊の入滅から千年以上を経た大乗仏教後期に生まれた密教において、主尊となったのが、宇宙の真理であるダルマ（法、仏法）そのものを人格化した「法身仏（ほっしんぶつ）」である大日如来（だいにちにょらい）だった。

大日如来は法そのものにほかならないわけであるから、永久不変の存在であるとともに世界の諸相と諸存在にあまねく顕現するわけで、仏教の生成のなかで現われた諸

真乗謹刻の大日如来坐像
（大涅槃尊像の光背化仏）

仏のなかでも最高の尊格ということになる。そのために、如来像がゆるやかな大衣をまとった姿で表わされるのに対して、大日如来だけは、瓔珞・臂釧・腕釧・宝冠、つまりは冠や首飾り、腕輪といった装身具で身を飾った王者の像容を持つことになる。また、大日如来＝法である以上、法における慈悲や智慧などのエレメントを体現するあらゆる諸仏諸尊もまた、大日如来の別の姿にほかならないことになる。そのため、密教寺院では、本堂に安置される本尊が必ずしも主尊たる大日如来とは限らず、一定していないことを特徴として挙げることができるだろう。どの如来・菩薩・明王を本尊としても、それは大日如来の現われなのだから。ちなみに、真乗と友司が仏道ひとすじに立つことになるきっかけとなった不動明王は、『仁王般若経』系の儀軌や『摂無礙経』では、度しがたい衆生を救うために恐ろしい姿を取って現われた教令輪身としている。

　真乗が修した真言密教の主尊は、言うまでもなく、法身仏である大日如来であり、そこでは応身仏たる釈尊は諸仏のひとりで、その地位は大日如来よりも下位とならざるをえない。ところが、真乗が釈尊の遺経とされる『大般涅槃経』に、探していた答えを見い出し、教団の所依の経典としたということは、釈尊に還るということを意味しているのではないだろうか。では、真乗は、『涅槃経』に何を見い出したのだろうか。

『大般涅槃経』は、釈尊の入滅を扱う経典群の総称であり、初期仏教のものと大乗仏教時代のものに大別される。前者が、釈尊入滅前後の三カ月の旅の様子を編纂した仏伝文学に属するのに対して、紀元四世紀前後に成立した後者の大乗『大般涅槃経』は、涅槃の意味をより積極的にとらえ、いっさいの迷いから脱した悟りの境地として、むしろ、教理を中心的に語るものとなっている。その最大の特徴は、涅槃を「常楽我浄」の境地であるとしていることだろう。これは、涅槃の四徳とされ、永遠不滅であること（「常」）、安楽であること（「楽」）、妄執を離れた真の我という絶対的存在であること（「我」）、そして清浄であること（「浄」）を意味している。つまり、大乗『涅槃経』にあっては、釈尊の入滅は、「常楽我浄」という絶対的な境地に至ることで

『涅槃経』の目指す境地である「常楽我浄」（真乗揮毫）

あると解されていることになる。

また、大乗『涅槃経』における「如来常住」と「一切衆生悉有仏性」というふたつの主題は、中国と日本の仏教に多大な影響を与えた。「如来常住」とは、真理である仏法を体現する仏というものが永遠不滅の存在であり、つねにあり続けるということで、如来＝仏法が不変であり永遠のものであることを意味している。「一切衆生悉有仏性」とは、あらゆる生類に仏となることができる可能性、すなわち仏性があるということである。つまり、大乗『大般涅槃経』とは、仏陀＝仏法は不変のものとしてあり続け、生きとし生ける者は、すべて仏陀となりうるものであり、それゆえに、いっさいの生類は、仏陀の悟りの境地であり常楽我浄という四徳を備えた涅槃に至ることができる、と説く経典だということになる。

さらに、真乗は『涅槃経』に「一闡提成仏（いっせんだいじょうぶつ）」という主題を読み取った。一闡提は、略して闡提とも言うが、サンスクリットの「イッチャンティカ」の音写で、原義は「欲求する人」を意味し、大乗仏教においては、快楽など世俗的な欲望をほしいままに求め、自己主張を譲らない者を指し、仏となることはできず、決して救われない者を意味している。つまり「一切衆生」とは言っても「一闡提」だけは除外されるわけであり、仏教においては、救い難い存在として語られてきたものだった。アカデミズムにおいては『涅槃経』が「一闡提成仏」を語るものであるかは意見が分かれることもあるのだが、真乗は、仏道を実践する者として、『涅槃経』のなかの、一闡提でさえも、仏を信じる心を持ちえたら、一闡提ではなくなり成仏できるという主題を重視した。真乗にとって、大乗『大般涅槃経』は、言葉の正しい意味で「一切衆生」、あらゆる生類の救いの可能性を説いた経典であったことになる。

真言宗醍醐（だいご）派から離れて、新たな教団を設立したといっても、真澄寺とまこと教団が、大日如来の化身である不動明王を本尊とする密教寺院であることに変わりはなかった。しかし、真乗は『大般涅槃経』と出会って、釈尊と大日如来、真理である「ダルマ（法、仏法）」を重層化させて一体のものとして把握し、現実の世界と常楽我浄

智文と友一の礎と『涅槃経』との出会いにより、新たな法流を誕生させる

という四徳を備えた涅槃を一体化させる独自の仏教観を作り上げた。それは、いわゆる一闡提に堕したとも言える元教務総長のような人物の救済も可能とする。また、幼くして逝った長男・智文や若くして世を去った次男・友一を永遠の仏法のなかに住まわせるものでもありうる。そして、それは、釈尊からは隔たったところに成立した密教の体系を、再び釈尊の教えに重ね合わせるものでもあった。ここに至って、真乗は、まったく独自の一宗を興したことになると言ってもいい。それは、後に、真乗の祖山、醍醐寺から、新たな法流「真如三昧耶流」として顕揚されることになる。そして、真如三昧耶流とは、密教的な修法を応用しながら、在家の信徒のために顕教的に開かれた密教であると言うことができるかもしれない。

真如苑の初代苑主となった友司

真乗が『涅槃経』に出会った喜びを、友司も共有したことだろう。友司は、真導院友一の死を回想した文章で「親として、修行の道程に二人の男の子を亡くすことは忍びないと、教主と二人言葉もなく、昏睡状態をつづける吾が子の枕辺に夜をあかしました」と語りながらも、同時に『涅槃経』の「燈火は念念に滅すといえども光ありて闇冥（あんみょう）を除き破る」という一節が「ひしひしと心にしみました」と綴っている（『藤の花房』第一集）。そのとき、友司は、わが子の命の燈火は消えようとしているが、それは、たんに消滅することではなく暗闇を破る光となることを、実感していたのではないだろうか。かつては怨む気持ちさえ抱いた母もとよが亡くなったのは、真如苑が宗教法人の登記を終えて再出発を遂げた四年後、一九五七（昭和三十二）年四月四日のことだった。重篤な状態に陥った母を、友司は真乗とともに見舞った。それは、『大般涅槃経』の教えに友司が共鳴し、「許し」ということに向き合う場面だったのではないだろうか。そして、母との和解は、愛児との死別と並んで、友司が仏教者として超えなければならなかった修行の関所であったと思われる。

真乗は三十歳で出家、得度(とくど)して以来、二十年の間、剃髪(ていはつ)し、頭を丸めた僧形で過ごしてきた。ところが『涅槃経』との出会いによって、ある確信を得て、僧衣を脱ぎ、髪を伸ばし始める。それは、求道者としてひとつの結論に達したということであり、形のうえでは出家者を止め、還俗(げんぞく)して在家に戻ることを意味しているわけだが、真乗は在家者を菩薩と讃え、一闡提の救済さえ説く『涅槃経』のなかに、出家と在家という区別さえない救いの道を見い出したのだろう。こうして、真乗もまた、友司と同じ在家の姿に戻り、友司を苑主とする真如苑は、在家教団の道を歩むことになるのだった。

3　法界力

真乗は一九五六（昭和三十一）年十一月に、『大般涅槃経』を説いたときの入滅前の釈尊の姿を現わす涅槃尊像の謹刻を発願する。これは『涅槃経』の研究中に光明遍照高貴徳王菩薩品の「像及び仏塔を造ること、猶し大拇指の如くし常に歓喜心を生ぜば、則ち不動国に生ぜん」という一節に触れての発願であったことを真乗は語っている。

大涅槃尊像謹刻のため、原形を造る真乗と友司（昭和31年12月22日）

仏像を造るというのは形の仏を造ることをいうのではない。「一切衆生悉有仏性」といわれるように、一人一人の心底に秘められている仏性を開発して生きた仏たらしめ、この世に〝常楽我浄〟の仏土を顕現していく願いのためである。

（『一如の道』）

簡素なアトリエで連日、大涅槃尊像謹刻に打ち込む真乗と、それを支えた友司

つまり、真乗にとって涅槃尊像という形としての仏を刻むということは、誰の心のうちにもある仏性を刻むことにほかならなかったわけであり、むしろ、自分の内なる無形の仏性に気づくために出会う、有形の仏を作ろうとしたのだと言ってもよい。後に百体以上の仏像を刻み、「昭和の仏師」と呼ばれることになる真乗だが、最初に制作した大涅槃尊像は「丈六」と呼ばれる一丈六尺（約四・八メートル）という大きさで、真乗が手がけた仏像で最大のものとなった。真乗は発願の翌年、一九五七（昭和三十二）年一月から本格的な制作に着手し、専門家であったとしても困難な、三カ月という驚異的なスピードで、大涅槃尊像を完成させることになる。この大涅槃尊像は、翌年五月に落慶する接心道場に安置され、「久遠常住釈迦牟尼如来」として、真如苑の本尊とな

る。この尊像は、光背に大日如来坐像と阿弥陀如来坐像を化仏（けぶつ）として配し、真乗の総合的な仏教思想を示すものとなっている。それは、簡単に要約するならば、真理である法、大日如来は釈尊と同体であり、阿弥陀如来の極楽浄土は、法身如来の密厳（みつごん）浄土にほかならず、それは現世で実現できる常楽我浄の悟りの世界＝涅槃であるということになるだろうか。

大涅槃尊像の完成を見守る友司

真乗は、『大般涅槃経』を所依の経典とするとともに、釈尊の遺教である『大般涅槃経』を形にすべく、涅槃尊像を刻んだ。それは、今を生きる人々の心に仏を刻むことであったのだろう。

それとともに教団の教理も『涅槃経』を根拠として再構築されることになるのだが、密教的禅定（ぜんじょう）である接心を、真乗は、次のように解説している。

立川の総本部に本尊として祀られている大涅槃尊像
（真乗謹刻）

ここにおいて、真如苑では接心修行という般若波羅蜜の修行があり、霊界のご指示によって「空」を覚っていくのである。

接心によって、自らの醜い業、煩悩を明らかに見極めたなら、そこから離れることができる。

（『一如の道』）

「般若波羅蜜」は、サンスクリットの「プランニャパーラミター」の音写で、仏教における最高の徳である仏の智慧を意味しており、智慧の完成は、あらゆる執着から離れた「空」に至ることであるとされている。「空」は、「シューンヤ」

の意訳だが、本来の世界の有様、つまりは真如を意味していると考えればいいだろうか。ここで語られていること自体は、接心が「まこと基礎行」と呼ばれていた時代とそれほど変わったものではないのだが、問題となるのは「霊界のご指示によって」という一節だろう。「霊界」とは、いったい何を意味しているのだろうか。

完成した大涅槃尊像の前にて

　まこと教団の法難のとき、ただひとり真乗と教団を擁護した白龍閣の北村研は、真乗のことを「伊藤先生は密教の蘊奥（うんのう）を究めておられ、欧米の科学的心霊研究の実相を十分に取り入れて深く修行された方」（『霊光』一九六〇・六）と語っている。ここで言う「欧米の科学的心霊研究」とは、スピリチュアリズムへの関心が高まった十九世紀のイギリスで、霊的事象の科学的解明を目指して設立されたイギリス心霊研究協会（SPR）を嚆矢（こうし）とするもので、後にはアメリカ心霊研究協会（ASPR）も設立されたが、この協会にはノーベル物理学賞を受賞した物理学者、レイリー卿ジョン・ストラットやノーベル物理学賞・化学賞を受賞した物理・科学者、マリー・キューリー、あるいは実験心理学の創始者であり、プラグマティズムを代表する哲学者、ウィリアム・ジェイムズら、錚々たる学者や、医師であるとともに、名探偵シャーロック・ホームズの生みの親として知られる小説家、アーサー・コナン・ドイル、アメリカの国民的な小説家、マーク・トウェインらも参加し、心霊現象の研究を進めた。北村研は、真乗が、そうした欧米のスピリチュアリズムを取り入れていたことを語っているわけだが、接心修行を始めるに当たって、密教的媒介者を「ミーディアム」と呼んでいるあたりに、その影響を見ることができると思う。また、ミーディアムを「霊能者」、その能力を「霊能」と名づけたが、それも、新しい時代に合わせて、あえて仏教用語を避け、欧米のスピリチュアリズムの用語を用いたのではないだろうか。そして、おそらくは「霊界」も同じなのだろう。しかし、今日になると、この言葉は、きわめて誤解を招きやすい。一般的には、霊界といえば、死後の世界をイメージしてしまうからだ。しかし、真乗が言う「霊界」とは明らかにそうしたものではない。

『広辞苑』（岩波書店）によると、「霊界」には、次のふたつの意味がある。

㈠　霊魂の世界。死後の世界。

㈡　精神およびその作用の及ぶ範囲。精神界↔肉界

接心が心的な領域の修行であることを考えるならば、真乗の言う「霊界」とは、「死後の世界」ではなく「精神界」のほうが近い意味を持っているのは言うまでもない。これは推測でしかないのだが、霊界という言葉が意味する世界を、真乗に強く意識させたのは、不動明王を本尊として迎えるとともに、すぐに本尊との感応を見せた友司の存在だったのではないだろうか。真乗が醍醐寺で得度、出家した次の日の一九三六（昭和十一）年五月二十日の真乗『手記』に、友司が深く入我我入（にゅうががにゅう）して、真乗と共働で修行を指導する様子を記述したあと、「宗教を開けばその背後に霊団が開かれるであろう。此（こ）の行もそれではないだろうか――」と書きつけている。ここでの「霊団」が後の「霊界」を、真乗が漠然と意識した最初ではなかったのかと思われるが、別のところでは「霊界（本尊界）」という語り方をしており、そうだとすると、

霊界とは仏の力が働く場を意味しているのだとも考えられる。

『大日経』供養儀式品には「我が功徳力と如来の加持力と及び法界の力とを以て普く供養して而も住す」という一節があり、真言宗では、ここに現われる「我功徳力」「如来加持力」「法界力」を「三力」と呼び、この三力が合致すると、衆生に本来そなわった仏性が開発され、悟りに至るとされている。「我功徳力」とは、行者が修する身・口・意の三密行でもたらされる力、「如来加持力」とは、慈悲から発する仏の働きかけとしての力、そして「法界」は、サンスクリットの「ダルマダートゥ」の意訳で、大乗仏教では、あらゆるものの根源を意味し、「真如」と同義であるとされる。真言宗では、全世界、全宇宙のことを指すが、それは真理であるダルマ（法、仏法）が現われた真如の世界と解することができるだろうか。つまり、「法界力」とは、仏法と仏法そのものが現われた真如から、もたらされる力ということになる。そして、接心修行が、仏からの働きかけである如来加持力を、霊能者と呼ばれる密教的媒介者が我功徳力で受け止めて、信徒の深い自己観相を実現する密教的禅定であることを思えば、真乗の言う「霊界」とは、仏の力が発するところである法界＝真如の世界であると考えることができると思う。その意味では、真如苑における「霊能者」も「霊界」という用語も、大乗仏教と密教の体系のなかにあるものなのだと考えられる。
また、この法界＝真如の世界にほかならない霊界という概念は、教導院智文と真導院友一に、特別な位置を付与することになる。そのことを真乗は、次のように語っている。

子どもを失うということは、どの親にとっても理屈のつけようのない悲しみで、ある意味では人間そのものの悲しみ、因果の流れのなかにある者の運命の象徴だと言えましょう。ただ、長男も次男も私たちの苦しみを背負ってくれ、現象としての因果ばかりにとらわれている人のあり方を、我々に教える意味で亡くなったのだと解釈したのです。（『創の悠恒に』）

この発言は、真乗と友司の宗教者としての歩みを考えるとき、きわめて重要な意味を持っている。長男・智文の死は、より深い仏教への帰依をうながすとともに、後のまこと教団の母胎となる立川不動尊教会の成立をうながした。そして、次男・友一の死は、法難を乗り越えて、真如苑の設立を招くとともに『大般涅槃経』を教義の中心に据えることを促した。友司にとって、母である身には泣き濡れるしかない智文の死は、わが子かわいさにとらわれる我執を超えて仏道を歩む決意をもたらし、友一の死は、私情を超えて、仏の慈悲というものを考え直し、体得するきっかけとなったのではないだろうか。昭和三十年代に、真如苑を宗教調査に訪れた宗教学者、井門富二夫は、真乗から聞いた法嗣、真導院友一の死をきっかけとする『大般涅槃経』との出会いと、それに依拠した真如苑の新たな教義の生成を次のように要約している。

そこで涅槃像を彫ることが始まり、大般涅槃経に方向が定まったのも、そこに基をおくものだということでした。すなわち、自らの子どもの死を通し、涅槃とは死んで浄土にゆくことではない、法のなかに身を任すことが涅槃経の真理と位置づけられたのです。(『創の悠恒に』)

この指摘は、真如苑の教義を理解するうえで、きわめて重要なものではないかと思われる。「涅槃」とは、死んで浄土に行くことではない。仏法に身を委ね、法界=真如の世界に生きることであり、それは常楽我浄という大いなる喜びを見い出すことにほかならない。そうだとすれば、教導院智文も真導院友一も、身は滅したとはいえ、法界＝真如の世界で、いまだに生きつづけているのではないか。あるいは、その死自体が、菩薩行ではなかったのか。

菩薩という言葉は、サンスクリットの「ボディサットヴァ」の音写で、もともとは悟りを求める者を意味し、修行時代の釈尊をいう言葉であったが、大乗仏教の時代には、悟りをそなえながら衆生の救済を求める者という意味に転じ、大乗仏教の精神を具現する尊格として重要な位置を占めることになった。この菩薩の行とされるのが六波羅蜜なのだが、『華厳経』では、菩薩道の完成として「代受苦」という考え方が現われる。「我れ当に彼の三悪道（地獄・餓鬼・畜生）の中に於て、悉く代りて苦を受け、解脱を得せしむべし」「我れ当に一一の悪道に於て、未来劫を尽くして諸の衆生に代りて無量の苦を受くべし」。つまりは、自分の積んだ功徳を他者のために差し出し、他者の苦しみを引き受けるという行が語られているわけだが、智文も友一も、まさに代受苦の菩薩行のために死んでいったのではないのか。

それは、友司にとって、仏の力が働く場である法界＝真如の世界との感応によって、実感できる心的出来事だったのではないだろうか。ここから、生まれたのが「抜苦代受」という考え方だった。これは、真如苑に固有の用語だが、比較的、理解しやすい。仏教においては、他者を救済しようとする慈悲の本質を表わす言葉として「抜苦与楽」が知られている。「抜苦」とは悲の本質で、人々の苦しみを除くことであり、「与楽」とは、慈の本質で、人々に楽を与えることなのだが、この「抜苦与楽」に、先に語った『華厳経』の「代受苦」の概念を合わせたものが、「抜苦代受」と言うことができるだろう。この考えは、加持祈禱（かじきとう）において、仏の働きかけを行者が受け止め、そして信徒に及ぼすという構造と似たところがあるかもしれない。加持において、仏の加護が信徒に及ぶのは、障碍（しょうがい）を取り除いて信徒が菩提（ぼだい）向上につとめ仏道を歩むことができるようにするためだが、抜苦代受においても、霊界と呼ばれる法界力の働きによって、信徒の苦しみは、法界＝真如が代わりに受け止め、障碍が取り除かれることになる。それは、やはり信徒が悟り＝涅槃へと歩んでいくために働く力なわけだが、加持が本尊の力の働きかけであるのに対して、「抜苦代受」は、さらに大きな仏法自体の現われである法界＝真如からの働きかけであるという点が違うことになる。

　こうしたことは、心的な領域の問題であり、目に見えるものではないので、経験から了解するしかないのだろうし、信仰を持たない人間にとっては、まるで理解できないものとならざるを得ない。しかし、宗教とは、そうした面を持つものなのであって、同時に、ある力が働くには、受け取る力も必要である。釈尊は三十五歳で悟りを得て成道し、八十歳で入滅して涅槃に入ったが、その生涯で重要とされるふたつの供養がある。それが、スジャーターとチュンダによるもので、六年間もの苦行を経ても悟りを得ることができず、山を降りた釈尊は、村娘スジャーターから施された乳粥（ちちがゆ）に力を得て、菩提樹の下で禅定に入って成道し、自らの死期を悟って最後の旅に出たときには、金属細工師チュンダの食事の供養を受けて、沙羅双樹（さらそうじゅ）の下で入滅のときを迎えた。チュンダの供物は、茸であったとも豚肉であったとも言われるが、スジャーターの供養が釈尊の成道をうながしたのに対して、チュンダのそれは、釈尊を涅槃へと導いたわけであり、釈尊は、この二人の供養を、もっとも尊いものとして讃えたと経典は伝えている。この場合、供養を差し出す力だけではなく、釈尊が受け取る力が一致して、初めて成道も涅槃も成就されることになるわけであって、それは、加持であっても、抜苦与楽、あるいは代受苦においても同じことなのではないだろうか。この場合、受け取る力の認識は、信徒の側の問題であることは言うまでもないだろう。

　真澄寺が開基から二十四年目を迎え、法難と法嗣の死から十年を経た一九六二（昭

境内にて信徒とともに

和三十七）年に刊行された『週刊毎日グラフ』（毎日新聞社）一月七・十四日合併号は、真如苑を「寺院十一、教会布教所二十四、信者数十二万八千人」と紹介している。壊滅の危機を乗り越えて、教団の教勢は伸長していった。

しかし、真導院友一が死の前に語ったように、大切なのは教団が大きくなることではなく、一人でも多くの人間が救われることであるのには、何ら変わりがなかったのである。そして、二人の愛児の命と引きかえのように仏道を歩み、しかも、今や苑主という教団の事実上の責任者という立場にあって、信徒を導いていかなければならない友司にとって、それは何よりも大切な菩薩行として意識されていたことであったのだろう。

4　お勝手説法

宗教法人の登記上は、友司が真如苑の代表者、苑主であり、必然的に公的な場に出る機会が増えたとはいえ、彼女の姿勢がそれで変わることはなかった。教主、真乗は、夫であるよりもまず、仏道の師であった。真乗が外出するとき、どんなに大きな荷物があっても友司は、真乗に書類鞄以外は持たせず、自分で荷物を抱えて、師として仕えた。真乗は、友司の気配りを「私のポケットには、いつも洗いたてのハンカチと靴べらが入っていました。靴下のやぶれや、ワイシャツのボタンなど、とれていて困った、というようなことは一度も経験したことがありません」と語っているが（『内外時報』一九七〇・八）、周囲にいた人は、真乗がもう充分だと言っても、一宗の祖としての、きちんとした身なりとなるよう友司が心がけていたことを述懐している。

真乗は、経典の研鑽（けんさん）や教団機関誌のための原稿執筆などが忙しく、午前一時、二時に及ぶことも珍しくなかった。そうしたとき、友司は、決して自分が先に休むことはなく、真乗のかたわらで縫物をしたり、新聞の広告をまとめてメモ用紙を作ったり、

地方の支部設立に向けて
（昭和37年7月5日～7日）

執筆のための鉛筆を削ったりしながら、真乗の仕事の区切りがつくのを待っていたという。友司の血圧がやや高いのを知っていた真乗が「早く寝（やす）みなさい」と言うこともあったが、そんなときには、友司は隣の部屋に控えて、やはり真乗の執筆が終わるのを待っていたらしい。

　こうした二人の有様は、真如苑という教団の姿をよく伝えるものであるように思われる。何度か語ってきたように、宗教というものは、心的な領域のものであり、同時に経験的な領域に属している。つまり、実際に信仰し、歩んでみなければ分からないという面があるのは事実だろう。しかし、だからといって、教理や教学を語らずに信仰だけを強要するのでは、思惟（しい）を経ない信仰、つまりは妄信になってしまう。哲学者の池田晶子は、様々な新興宗教におけるそうした傾向を危険なものと指摘しているが、その意味でも、真乗が『涅槃経』を基盤に修行体系を作り上げたことの意味は大きい。『涅槃経』は、日本仏教史において重要な位置を占めている。曹洞宗の開祖、道元禅師は『正法眼蔵』仏性の巻で、『涅槃経』を基本としているし、浄土真宗の祖である親鸞聖人も、その著書でたびたび引用し、立論の根拠としているほどで、日蓮宗の宗祖たる日蓮上人も『立正安国論』などの著書で『涅槃経』を高く評価している。つまり、鎌倉仏教の祖師にとっても『涅槃経』は重視されたわけだが、密教者の立場で『涅槃経』を所依の経典とした真乗は極めてユニークであり、その意味を語る必要があった。しかし、一方で、これは『涅槃経』に限ったことではないのだが、経典というものは、一般人が理解するのは極めてむずかしいものでもある。かりに書かれていることの

真乗に添い、どこまでも二人で布教に赴いた（昭和37年7月6日）

意味を理解できたとしても、それを自分の生き方にどう反映させ、どう活かしていくのかには指針が必要になると言ってもいい。真乗と友司の関係とは、真乗が作り上げた密教と『涅槃経』の教理体系と、その教学を友司が現実の生活のなかで身をもって示すところから始まるものであったように思われる。いわば、真乗が涅槃尊像を謹刻することで、人々の心に仏を刻もうとしたとすれば、友司は、仏の心を、自らの行いのうちに表わしたのだと言えるだろうか。

友司は、教団のことから家事まで、いつも忙しく立ち働き、つねに小走りであったとか、ゆっくりお茶を飲むところさえ見たことがないという信徒の証言があるが、その人生は、師である真乗のみならず、あらゆる人に仕えていくという姿勢に貫かれたものだったという。それは、すべての人のなかに仏性を見て、仏に仕えていくということだったのかもしれない。かつての真澄寺のまわりは、雪や雨の日にはぬかるんで泥道となったため、友司は三女・真砂子(まさこ)の手を引き、四女・志づ子(しづこ)をおぶりながら井戸水を汲み、信徒がお堂に上ったあと、信徒の履(は)き物の泥をぬぐい、鼻緒が緩んでいるとすげかえるのが常だったという。

友司は、仏に仕えるとなると厳しく、「一度土間に下ろしてしまったお米を、み仏様や護法善神様にお上げすることはできないのですよ」と言って再配達を頼んだり、貴重な到来物は、まず仏前に供えた。一方で、赤ん坊を背負った女性が一夜の宿を請い、布団を用意し、ミルクを与えて泊めたところ、翌朝、御宝前の三宝に供えたものがすべて盗まれたことがあったのだが、友司は、「いいじゃないの。誰かが助かれば」と言って、意に介することがなかった。戦中から戦後の混乱期は、誰もが食糧に窮していた時代であり、菓子類は、現代人が想像もできないほどの貴重品だった。友司は、自分の子供たちには壊れた落雁のかけらを与え、信徒にはお供えのお菓子を配ったが、その嬉しさを回想する信徒は多い。

信徒へ手紙を書く友司（昭和38年11月）

法務府特別審査局審査官をつとめ、後に新日本宗教団体連合会専務理事となった大石秀典氏は、真乗が仏法以外のこととなると、きわめて無口で、話がとぎれると、友司があれこれと話して細やかな心配りで場を取りもったことを語っているが、友司に「まことに畏敬すべき、これこそ真の意味の宗教家」の姿を見たという（『歓喜世界』一九六八・八）。そんな友司であったから、真っ白なかっぽう着を着て真澄寺の庫裡で台所仕事をしているときに、手伝いの信徒のさまざまな相談に乗り、仏の教えを身近なことを通して分かりやすく語ることがあった。いくつか例を挙げてみよう。

「夏の食欲のないとき、スイカやトマトなど、さっぱりしたものがいただけるのもみ仏のご慈悲ですよ」

「一粒のお米にも感謝ですよ、山にいる鳥にあげたら鳥の命をつなぐことができる。捨てたら米粒の命もなくなってしまう」（『内外時報』二〇〇八・八）

夏になれば、スイカやトマトが収穫できるのは当たり前と考えるのが普通だろうが、それも仏の慈悲として受け止める。それは、日々を感謝とともに生きようということを語るものなのだろう。一粒のお米をめぐる話も、分かりやすいのに含蓄が深い。そ

真乗に伴い地方へ布教。信徒らと（昭和37年7月6日）

れは、生命の本質を語るものなのだと言ってもよい。かつては、台所のことをお勝手と呼んだので、友司のこうした話は、誰からともなく「お勝手説法」と呼ばれるようになった。

仏が、相手の能力や素質に合わせて、相手にふさわしい形で教えを説くことを対機説法と呼ぶのだが、これは病に応じて薬を与える応病与薬にたとえられる。中国浄土宗の大成者、善導の『観無量寿経疏』には「如来機に対して法を説くこと多種不同なり」という一節があるが、友司のお勝手説法も、一人ひとりに応じた対機説法だったのではないだろうか。それだけに、活字ではなく、伝聞としてのみ残されている

真乗の説く教えを体現した友司
（昭和40年11月17日）

のだが、それは、一人ひとりの信徒にとって、仏道を歩む燈明となったことだろう。

この友司のお勝手説法は、友司その人の生き方を彷彿とさせるものでもあるが、友司の口癖は「言うがごとく行い、行うがごとく言う」というものだったという。心に思ったことは言葉となり、言葉は行為を生む。それが、身・口・意の働きでもあるわけだが、友司は、そのことを何よりも大切にして日々を生きた。心は形にならなければならない。心に仏があるのであれば、それは日々のすべてに現われなければならない。それは、仏弟子である友司の信念だったのだろうし、そのことによって、友司は、真乗が考える『涅槃経』を、こよなく体現する存在となったのだった。

Ⅶ　時は今

1　仏飯

真如苑の総本山とも言うべき真澄寺の山号は、燈檠山。釈尊の教えが衆生の心の闇を破るところから「燈火」にたとえられ、その教えを、師から弟子へと正しく伝えていくことを「伝燈」と呼ぶ。その伝燈の燈火を掲げる山という意味で、真乗はこの山号を名づけたと語っている（『四樹』）。

現在、燈檠山真澄寺の首座にあり、真如苑苑主であるのは、伊藤真聰。真乗と友司の三女、真砂子は、一九七一（昭和四十六）年、真如三昧耶加行を終えて、一九八三（昭和五十八）年、最終的に常住如来法を修めてすべての法流を相承するとともに、真乗から真聰という僧名を授けられた。そして、真乗の遺志によ

真澄寺にて護摩を焚く現苑主・伊藤真聰（平成22年12月28日）

って、真乗遷化後、法燈を継ぐことになったが、思えばこれも、仏意によって定まっていたのではないかと思わせるところがある。

山梨県北巨摩郡秋田村（現・北杜市長坂町）の真乗の実家、伊藤家は代々つづく旧家で、当主は「文之丞」という名前を襲名してきたと伝えられている。真乗の父は文二郎、兄は文重、そして、真乗の出家前の名前である文明、いずれも「文」の一字があるのが伊藤家のならわしで、真乗も長男を智文と名づけたわけだが、智文は幼くして亡くなり、友司の一字を取った次男・友一も若くして世を去った。そして、六人の子供のうち、真乗が、ただひとり、出家以降の自分の名前から一字を取って与えたのが、三女・真砂子、後の真聰だったのである。

真乗と友司は、子供たちを仏弟子として厳しく育てたが、子供たちの進路は本人の意思に委ねた。そうしたなかで真聴は、宗教家として父母の歩んだ道を継ぐことを選んだわけだが、それは、友司の影響であったことを真聴本人が語っている。

今日は、私という宗教者を生み出した、一人の仏教指導者を紹介したいと思います。それは、私の亡き母・摂受心院（しょうじゅしんいん）です。

摂受心院は伝統ある仏教界において、女性で数少ない大僧正（だいそうじょう）という僧階を得た宗教家です。私は母を通して女性のもつ力、リーダーシップを学び、自ら宗教家の道を選びました。

母は日々の生活すべてを修行の場ととらえ、身をもって教えを示しました。お寺に集う女性たちに、台所で調理しながら「米一粒、水一滴も軽んずることのないように」諭（さと）しました。地球をいたわり、限りある資源・天地の恵みに生かされている感謝をもつのだ——と。清掃のときも「塵（ちり）を心の塵と受けとめ、清浄にしていく」よう訓（おし）えました。家庭や職場で、さまざまな困難に直面する人々の話を親身に聞き、大乗仏教の根本である利他、人の心になって考える道を伝えました。やさしく温かく「まず他のためになせ」の理（ことわり）を、常に体現していました。

ロサンゼルスにて行われた全米女性会議でスピーチをする真聰
（平成22年10月25日）

私が彼女に学んだのは、智慧と慈悲という、仏教の根本聖旨です。

これは、二〇一〇（平成二十二）年、カリフォルニア州政府主催で一九八五（昭和六十）年から開催されている「全米女性会議」での伊藤真聰のスピーチの前半部分なのだが、この会議は「変革を構築する、賢く、強く、慈悲深い女性リーダーを生み出す」ことを目的とし、三日間の会期に延べ三万人の女性が参加するほど全米女性の注目を集めている。真聰のスピーチは、二日目の朝、「オープニングセッション」と言われる基調講演で、スピーチ終了後には、拍手のみならず、スタンディングオベーションが起こるほど、アメリカ人女性の感銘を呼んだという。それは、真聰の母に対する思いのみならず、彼女が語る摂受心院友司の宗教者としての姿が、現代女性の共感を呼んだせいもあるのだろう。実際のところ、ここまで簡潔に、しかも的確に友司の姿を伝えたものはないと言ってもいい。そして、友司の存在こそが、伊藤真聰という宗教者を生むことになったわけで、二代にわたって女性が導き手となったことは、真如苑という教団を特徴づけることになった。

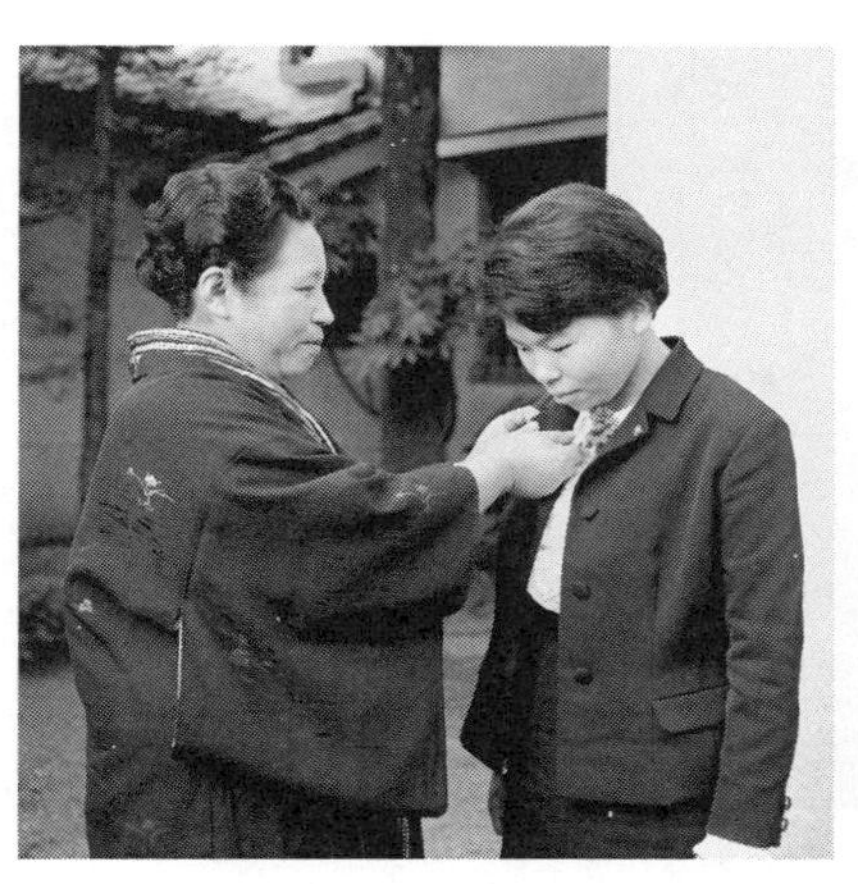

母でもある摂受心院に成人式を祝福されて

真聰のスピーチにあったように、友司は、「米一粒、水一滴」も軽んずることなく、大切にした。それは、たんに節約家だったといったことではなく、仏教者としての思想に裏打ちされたものであったことは確認しておくべきだろう。

茨城県霞ヶ浦の景勝地に建つ長禅寺（ちょうぜんじ）

スピーチを終え、合掌する伊藤真聰
（平成22年10月。ロサンゼルス全米女性会議にて）

は、歩崎（あゆみざき）観音として知られている。長禅寺は、奈良時代の高僧で、日本で初めて大僧正位に就いた行基（ぎょうき）の作と伝わる十一面観音を本尊とし、天平（てんぴょう）年間（七二九〜七四九）の創建とされる古刹（こさつ）だが、まこと教団が設立された一九四八（昭和二十三）年という早い時期から、真如苑の塔頭（たっちゅう）寺院となっていた。ちなみに、歩崎という名は、天治年間（一一二四〜一一二六）に、暴風で難破しかかった商船の船主が、「南無観世音菩薩」と祈ったところ、観音が現われて海上を歩み、船を引いて接岸させてから、長禅寺がある山中に姿を消したという伝説に由来するものなのだという。この長禅寺で、修行する人たちのために、食事の世話などをしていた女性が、次のような思い出を語っている。

彼女は、いつも家でそうしているように、お米をとぎ流したり、残った御飯を捨てたりしていたのだが、ある日、長禅寺を訪れた友司が流しの米粒を丹念に拾ってお皿に小さく盛っていたのだという。友司はよく「お米はお百姓さんが八十八回手をかけて稔(みの)りを得るのですからね」と語っていたが、そのときも、次のように教え諭したという。

「宗教家の家で、お勝手からご飯粒がこぼれているのを見られたら、はずかしいことですよ。物にはそれなりの生命があるのですから」（『苑史回想』）

また、友司から、お勝手説法で次のように戒(いまし)められたことを回想している内弟子がいる。

「家庭の主婦というものは、台所の生ゴミを見れば、どのような生活をしているかがわかるものです。

宗教の道に携(たずさ)わっているものは、お米一粒にしても、お茶の葉一枚にしても、大切にしていかなければいけませんよ」

(『歓喜世界』一九七五・七)


ここで重要なのは「宗教家の家で」「宗教の道に携わっているものは」という言葉だろう。そこには、姿こそ有髪の在家であるものの、寺に暮らし仏飯をいただく僧としての姿勢がはっきりと示されているし、仏法のなかに生きる者である以上、物の生命も慈(いつく)しみ、感謝し、大切にしていかなければならないという友司の思想を見ることができるように思う。思想というと、高邁(こうまい)で難しいものと考えがちだが、友司のように生活のなかでの実践をともなうものこそが、本当の思想なのではないだろうか。日本が豊かになるにつれて、使い捨てを前提とする超大量消費社会(ハイパー・コンシューマリズム)が実現するが、友司は弟子たちに「物を大切にする、食物をちゃんと米一粒も大事にする人は、信者さんの心も大事にできる、教えも大事にできる、全部、これは一つなのです」と教えつづけたという(『歓喜世界』一九九三・五)。

2　位階荘厳

新築なった接心道場に安置された真乗謹刻の大涅槃尊像、久遠常住釈迦牟尼如来の開眼法要が執り行われたのは一九五七（昭和三十二）年十一月三日のこと。この年の四月四日に、友司の母、もとよが亡くなっているが、この年は、法難を経て生まれた真如苑が、教団として新たな体制を整えることになった転機の年であったかもしれない。その三年後には、東京都目黒区衾町（現・八雲四丁目）に東京支部が、さらに、三年後には秋田支部が横手市に落慶している。真如苑の教勢は次第に伸張していったが、精舎や支部の建築費や安置する本尊の荘厳のため、出費が相次ぎ、真乗と友司の生活は相変わらず質素だった。そばにいた信徒の次のような証言がある。

接心道場をはじめ、精舎建立に向かって進んでいるときですから、お食事など、それはそれは質素にしていらっしゃいました。たとえば、煮干し二、三尾を細かく切って、大根と油揚げを半分ぐらい入れたおみそ汁、それにご飯といった内容なんです。

（『歓喜世界』一九九四・九）

接心道場や支部の設立に際しては、少なからぬ信徒が奉仕活動に当たったが、目黒の東京支部開設のときには、真乗と友司も毎日のように足を運び、陣頭指揮をしながら、信徒たちと共に立ち働いたという。その折、二人と昼食をともにした信徒は、真乗と友司のお弁当が、麦飯に青海苔をつけたおにぎりに数切れの沢庵（たくあん）だけだったことを回想している（『藤の花房』第二集）。

このころの真乗と友司は、宗教家としての活動に専念するあまり、自分の時間などまったく取ることができなかったし、子供たちをどこかに連れて行くことなど、考えることもできなかった。二人にとっては、信徒のための道場建立は、何よりも優先すべき事案だった。それは、一人でも多くの人に修行の場を提供したいという思いからだったのだろう。そして、精舎というものは、修行の場であるとともに、本尊が安置される仏の御座（みざ）でもあるわけで、仏教では、布施波羅蜜（ふせはらみつ）といって、奈良・東大寺の昔から、勧進（かんじん）という寄付活動が盛んだったわけだが、友司は次のように語っている。

お金さえあれば巨大なビルは建ちます。けれど、精舎の荘厳はそういうものではありません。真如教徒の心の荘厳ができ、それが形に現れるのでございます。

（『藤の花房』第一集）

まず形があるのではなく、心が形となって現われる。それが、友司の考える信仰であり、仏教者として貫いた姿勢であったが、引用した言葉は、それを端的に示していると思う。曹洞宗の祖師たる道元禅師も「当世の人、多く造像起塔等のことを仏法興隆と思へり。又非なり。たとひ高堂大観珠をみがいて金をのべたりとも、これによって得道の者あるべからず」（『正法眼蔵随聞記』）と語り、たんに金をかけただけの荘厳は、本当の意味で仏道を求めることではないことを戒めたが、友司が語っていることも、それと近いものであると言えるだろう。

とはいえ、切迫した財政のなかで、教団のことを考え、台所を切り盛りしなければならなかった友司の苦労は、並大抵のものではなかった。彼女は、自分の苦労話を決して語る人ではなかったし、それをも在家で仏道を歩む者として、修行と受け止めた。

ところで、ある青年が真澄寺に泊まって、朝食を御馳走になり、友司が作った味噌汁の美味しさに感激したというエピソードがある。友司は、煮干しの頭と腹を取り、前の晩から水に浸けて味噌汁の出しを取った。出しを取った後の煮干しも捨てずに、すり鉢ですってふりかけを作るなど、すべてを生かし切る調理の仕方だったという。頭と腹を除くことで、出しには魚臭さが出ず、すっきりとした味になるし、前の晩から水に浸ける水出しは、料亭などで使われる手法だが、しっかりとした出しが取れる。友司のやり方は、理にかなったものだが、さらに煮干しでふりかけを作るというところが面白い。これは、一見、節約術のようにも見えるが、よくよく考えてみると、それだけではないかもしれない。近代を代表する陶芸家であるとともに、稀代の美食家として知られ、「美食倶楽部」「星岡茶寮（ほしがおかさりょう）」といった会員制の高級料亭を開いて、自ら厨房（ちゅうぼう）に立つ料理人でもあった北大路魯山人（きたおおじろさんじん）は、大根ならば皮まで余さず使い切ったという。魯山人は「料理とは、ものの理（ことわり）を料（はか）ること」と語ったが、友司のやり方も、まさにそれであって、勿体（もったい）ない、無駄（むだ）にしないということは、前節も語ったように物の命を慈しむということにほかならなかった。あるときに、内弟子が、イカの煮汁を捨てたところ、友司は、その煮汁で翌日、大根を煮ることができるではありませんかとたしなめたというが、これなども同じ例で、こうした些細な、日常のひとこま

ひとこまから仏法を説こうとしたのが友司だったと言ってもいい。

苑主となってから、友司は信徒の前で親教（法話）をする機会が増えたが、一九五七（昭和三十二）年、真乗謹刻の大涅槃尊像入仏開眼法要のとき、次のようなことを話している。

秋になると、あのおいしい栗の味覚を想いますが、表面のトゲトゲしいイガは誰しも嫌うでしょう――。風の朝、雨の夕など、落ちたその実を手にする喜びは、田舎に育ったもののみの知る喜びだと思います。柿にしても、みかんにしても、赤に黄に色づいてゆくあの果実、すべてのものは、みんな大地の恵みによって稔ってまいります。

それによって私どもは、活かされ、充たされて生活しております。私どもは万物の霊長などといって、得々としておりますが、果たしてそれだけの面を感謝をもって生かしているでしょうか……。こうしたことを、もう一歩考えて、あふれるほどのみ仏のご慈悲に感謝していかなければならないと思います。感謝は悟りをうるはじめ――〝道〟ということも、そこからわかってくるのではないでしょ

うか。（『藤の花房』第一集）

ここで語られていることは、友司が「米一粒、水一滴」の大切さを教えていたことの背景となる思想であると言ってよい。人間を生かしてくれる自然の恵みは大地が育んだものだが、それも仏の慈悲の現われとして受け止め、感謝を向けていく。それは、自らが仏法のなかに生かされていることを気づくことにほかならない。それが、悟りへと至る道の最初の一歩となる。友司が語っているのは、この世界自体が仏の慈悲の現われであり、いかにそれに気づいていけるのかが仏道を歩むことになるということである。これは『大般涅槃経』の「一切衆生悉有仏性」という主題と、この世界自体が仏法そのものである大日如来の現われであるとする真言密教の考え方によって裏付けられたものと考えることができる。その意味では、友司は真乗の弟子であり、もっともよき理解者であるとともに、真乗の教学の実践者であったことを、ここでも確認することができるように思う。

真如苑の教えは、関西にも広がりつつあり、関西にも精舎が必要となっていた。真乗と友司は、一九六三（昭和三十八）年の入梅のころから関西に足を運び、東は奈良、

摂受心院遷化の地となった関西本部万代院

北は箕面（みのお）、西は須磨（すま）に至るまで、六十余件に及ぶ候補地から十七カ所を見て回ったが、七月末になって巡り合ったのが、現在の真如苑関西本部万代院（ばんだいいん）となる芦屋（あしや）の万代荘だった。

　万代荘は、銅商で財を成した故・平野斎一郎氏の別荘で、建築が趣味だった平野氏が、門には会津磐梯山（ばんだいさん）の神木だった欅（けやき）を挽かせ、欄間には梅を彫り出すなど、贅（ぜい）を凝らして作らせたもので、芦屋市の迎賓館（げいひんかん）としても使われていたという。平野氏は真乗から万代荘を譲って欲しいと頼まれ、快諾したが、平野かよ夫人は「あそこまで精魂つくして作ったのに、教主様にお会いした途端、なんの未練もなく、お譲りしてしま

真乗と友司は教徒の願いを受け、幾度も関西に足を運び関西本部を開設した

うなんて、私にはちょっと信じられないようなことでした」と当時を回想している。また、平野斎一郎氏は、真如苑がどんな教義の、どんな教団であるかは、まったく知らなかったが、真乗のことを「とってもおだやかでいいお方や。あんなお方に買ってもらえるなら、ええことやないか」と語っていたという（『歓喜世界』一九九三・五）。

　同年、十一月十八日、万代荘は真如苑関西本部となる。そして、ここで友司は遷化し、関西本部は、信徒にとって特別な場所となるのだが、それは四年後のことだった。

　この関西本部に、真乗の祖山、醍醐寺の岡田宥秀執行長（後の醍醐寺第百一世座主）が訪れたのは、一九六六（昭和四十一）年二月十七日のこと。それは、祖山か

摂受心院の祥月命日には、今も関西本部に多くの信徒が訪れる

らの思いがけない申し出であった。同年、三月五日、真乗には大僧正位、そして、友司には権大僧正位が、醍醐寺から贈られることになる。真言宗醍醐派、伊藤友司権大僧正の誕生である。

　このとき、友司は五十三歳、有髪で在家のまま、真言宗における十五の僧階の第二位の位階荘厳を受けたことになる。同年、十月十八日、友司は真乗とともに醍醐寺を訪れ、「醍醐の法水」と題する美しい文章を残している。また、岡田宥秀執行長は、真乗、友司とともに醍醐寺三宝院の裏山で茸狩りをしたことを後に回想しているが、それは、すがすがしい秋日和の一日であったそうだ。

3　仏舎利奉戴

残された記録や刊行物を確認していくと、友司が仏を語るとき、不動明王を本尊としていた時代は「お不動様」「み仏」であったのが、釈尊の遺教とされる『大般涅槃経』を所依の経典とし、大涅槃尊像を本尊とするようになってからは、「お釈迦様」「み仏」に変化していったことがうかがえるところがある。真乗は『涅槃経』との出会いから釈尊に回帰し、釈尊とその教えである仏法を一体化してとらえる教学を作り上げたわけだが、それを友司も共有していたわけで、その意味でも教団にとって喜ばしい出来事が、真乗、友司の位階荘厳の同年に起こった。一九六六（昭和四十一）年タイの名高い寺院、ワット・パクナムから通知があり、真如苑は、釈尊の遺骨である仏舎利を奉戴することになったのである。タイのバンコック郊外にあるワット・パクナムは十八世紀初頭に建立されたタイ国きっての修道場で、ルアンポー（偉大な父）・ワット・パクナムと呼ばれている。住職、ソムデット・プラマハー・ラッチャマンカラーチャーン師が、タイ国副法王の地位にあったことからも、その寺格の高さをうかがうことができるだろう。

釈尊の入滅から、およそ五百年の間、仏像は作られず、釈尊その人ではなく、傘蓋や払子などを描いて釈尊を示したり、菩提樹や足跡などのシンボルで釈尊を表わした。これを「ブッダの象徴的表現」あるいは「釈迦の不表現」と呼ぶが、聖者である釈尊は、直接、表現してはならないものだったわけであり、礼拝の対象となったのは、釈尊の遺骨を納めたストゥーパ（仏塔）だったのである。

初期仏教の『涅槃経』によると、釈尊は入滅後、荼毘に付され、その遺骨は八つに分けられ、遺骨を納めた瓶と火葬の灰で、八つの遺骨のストゥーパと瓶と灰のストゥーパ、合わせて十の塔が作られ、礼拝されたが、時代が下るに従って、遺骨は、さらに分割され、多くのストゥーパが作られていった。真如苑は、そうした釈尊の遺骨を奉戴することになったのである。奉戴法要が執り行われたのは、七月三十日。そして、真乗と友司は、同年の十一月に、タイで開催された第八回世界仏教徒会議に日本代表として参加するため、タイを訪れることになった。これは、真乗と友司にとって、初の海外旅行となった。このとき、二人は、ワット・パクナムを訪れているのだが、その印象と感想を、友司は次のように語っている。

第8回世界仏教徒会議に向けて羽田を発つ。見送りの信徒にこたえて手を振る真乗と友司（昭和41年11月5日）

私が、昨年タイにまいりましたとき、とくに感じましたことは〝寺院が美しい〟ということでございました。バンコクは水の都といわれていますが、あのメナムの流れから眺めた寺院の美しさは格別でした。それは、タイ国が仏教国（仏教が国教となっている）で、国が十分な資材をこれにあてて建てた寺だから美しいのではなく、仏の教えに生きる人々の至心な祈りと、まごころに荘厳されているから、異邦人の私が胸うたれるような美しい寺院が建てられたのだと感じました。

心を美しく飾るという、その根本となるものは、戒律を守るということではないかと思います。（中略）それは、タイの国の方々の仏に帰命（きみょう）し、教えを尊ぶ、心の表れであると信じます。

（『藤の花房』第一集）

水都バンコクでは、三島由紀夫の小説『暁の寺』の舞台となったワット・アルンラーチャワラーラームを始めとして、川沿いに美しい石造りの寺院が立ち並んでいるが、その眺めは、友司にも深い感銘を与えたらしい。そして、友司がその美しさを、タイの仏教徒の「至心な祈り」「まごころ」の現われとして感得したということは、前節でも語ったように、形だけの荘厳ではなく、心が形になった美しさを改めて確認するものであるのは言うまでもない。そして、心は、形ばかりではなく、行（おこな）いにも現われる

タイ・チェンマイの世界仏教徒会議会場にて
（昭和41年11月7日）

世界仏教徒会議会場で供養を捧げる友司（昭和41年11月7日）

ものであり、行いは心を示すものでもある。友司は、タイの寺院の美しさは、仏へ帰依した証として厳しい戒律を守っていることに由来しているのではないかと語っているが、それはとりも直さず、教えというものは実践によってしか示すことができないということを語るものなのだろう。

タイは上座仏教の国である。

釈尊入滅後、その教えは経典として編纂され、教団に伝持されたが、やがて教団は保守的な上座部と、より自由な解釈を試みようとする大衆部に分裂した。後者が元になって紀元前後から勃興したとされるのが大乗運動で、彼らの一部は、

仏舎利奉戴の返礼にタイ・ワット・パクナムを訪れる真乗と友司（昭和41年11月９日）

上座仏教を小乗（小さな乗り物）と呼んで貶(おとし)めたが、上座仏教の人たちが自らを小乗と呼ぶことはない。また、一般的には、仏教は小乗から大乗へと発展したようなイメージがあるが、これは誤りで、大乗運動が起こり、さまざまな大乗経典が編纂されていった時代にも、インドでは上座仏教が正統として受け継がれ、大乗仏教も共存していたというのが事実のようだ。『西遊記』の三蔵法師として名高い七世紀の玄奘(げんじょう)は、独力でインドまで旅して仏教を学び、経典など六百五十七部を唐に持ち帰って仏典の翻訳に当たった中国の四大翻訳家のひとりだが、その十七年にわたる大旅行の記録を『大唐西域記』として著した。それによると、当時のインドで、上座仏教を学ぶ所、六十カ所、大乗仏教を学ぶ所、二十四カ所、上座部・大乗兼学の所、十五カ所に言及しており、密教が成立したとされる七世紀でも、むしろ、上座仏教がインドの主流であったことが推測できる。大乗仏教は、チベット・中国・朝鮮半島から日本に伝えられたので「北伝」と呼び、上座仏教は、タイ・スリランカ・ミャンマーなど東南アジアに伝えられたので「南伝」とも呼ばれるが、上座仏教は初期仏教からの伝統を守り続けており、出家修行者は、妻帯せず、いまだに多くの戒律を守って修行の日々を送っている。友司は、それが、たんに規則であるからそうしているのではなく、仏の教えに帰依する「心の表れ」としてとらえたわけである。それは、美しいタイの寺院とともに、彼女の心に刻まれたのだろう。

翌年、真乗の招きで来日したワット・パクナム住職、プラ・タンマ・ティーララーチャ・マハムニー師（のちのソムデット・プラマハー・ラッチャマンカラーチャーン師）は、次のような友司の思い出を語っている。

苑主様（友司）は夏の暑い盛りに玉のような汗をかかれて、真心からなるお世

仏舎利奉戴の答礼として、ワット・パクナムに謹刻の涅槃像を贈呈した真乗（昭和41年11月9日）

インド・サルナートのムーラガンダクティー寺院を訪れた真乗と友司（昭和41年11月10日）

話をしてくださいました。そしてお食事の時、私ども上座仏教の戒律を弁え、一歩下がってうなぎをすすめてくださったのですが、母のような温もりとやさしさに溢れた一つ一つのお言葉や動作が、今でも脳裏に強く焼き付いて離れようといたしません。

（『藤の花房』第一集）

このとき、真乗と友司はワット・パクナムから六人の僧侶を迎えており、それに当たって、友司は上座仏教のしきたりをあらかじめ確認してから臨んだのだろうが、ここにも、心を形と行いに表わすという仏教者の姿勢を見ることができると思う。

チェンマイで開かれた第八回世界仏教徒会議に出席し、ワット・パクナムを訪れたあと、真乗と友司はインドに釈尊の足跡を訪ねてから、香港・台湾を経て帰国したが、その翌年も、二人はヨーロッパ・中東への長い旅に出ることになった。

4 遷化

一九六七（昭和四十二）年六月十一日、真乗と友司は、随員二十七名とともにヨー

欧州宗教交流国際親善使節団として、各地を歴訪する真乗と友司（昭和42年6月13日）

ロッパに向けて旅立った。これはヨーロッパ七カ国にイスラエルを加えた全八カ国を歴訪するもので、真如苑が企画したものではなく、「欧州宗教交流国際親善使節団」としての訪欧であった。明治時代から続く宗教紙『中外日報』は五月三十一日付で、この使節団のことを次のように報じている。

一九六四年の訪デンマーク仏書贈呈国際親善使節団、一九六六年の訪スウェーデン同使節団につづいて、来月十一日に訪ノルウェー仏書贈呈国際親善使節団が羽田空港を飛び立つ。今回の使節団は、東京都立川市

ノルウェーのオスロ大学にて仏書贈呈記念式典に臨む真乗と友司（昭和42年6月17日）

に本部を置く真如苑の代表教徒ら二十七人からなり、団長は伊藤真乗真如苑教主である。

今回は、ノルウェーを主要訪問国とし、オスロ大学に千余冊の仏書や日本文化に関する書を贈るとともに真言密教の伝統を相承して〝芸術教主〟といわれる特技をもつ伊藤団長が宗教的信念をこめて謹刻した涅槃像を奉納する。ノルウェーでは、オスロ大学が中心になり同国キリスト教会や同聖書教会等が協力し一行の歓迎準備をととのえている。

バチカンのローマ教皇庁を訪れる真乗と友司
（昭和42年6月28日）

このヨーロッパへの仏書贈呈を中心とする宗教交流は、全日本仏教会によって始められ、その三回目として、真乗と友司は、随行員とともに渡欧することになったのである。この旅は、六月十一日に出立し、七月四日に帰国するまでに八カ国を訪問するという過密なスケジュールで、真乗は、仏書のほかに自刻の涅槃像をデンマークのコペンハーゲン大学、スウェーデンのウプサラ大学、ノルウェーのオスロ大学、イスラエルのヘブライ大学、ロンドン仏教会、パリ仏教会そして、ローマ教皇庁に贈呈している。また、オスロ大学やバチカン放送局で世界平和のメッセージを発した。

友司の願いが聞き入れられ、教皇パウロ６世と真乗が握手を交わす写真が残された（昭和42年６月28日）

この旅で、友司は使節団副団長という重責もあり、体調を崩しがちだったが、六月二十八日、バチカン市国のローマ教皇庁を訪れるときには回復し、真乗ともにローマ教皇パウロ六世と会見した。教皇庁内は写真撮影が禁止されていたが、教皇と真乗が握手を交わしたとき、友司は「写真をお願いします」と大きな声で頼み、教皇はこれを受諾、パウロ六世と真乗が握手を交わす写真が残されることになった。

一行はイスラエルのロッド空港から日本への帰途に就いたのだが、真乗は「苑主も、なにかほっとした気分でなごやかに使節団員と談笑していた」と綴っているが、友司も長い旅路がようやく終わるという安堵感のなかにあったのだろう。

しかし、帰国した四日後の七月八日に友司は一度倒れ、送り盆が終わった七月十六日にも、また倒れることになる。旅の疲れが彼女の体を蝕(むしば)んでいたのだろうか。三人の医師が代わる代わる友司を診察したが、特定の病にかかっていたわけではなかったという(『一如の道』)。ヨーロッパ旅行中、教会などを訪れるたびに友司の体調は悪化したことから、友司が霊的なものを一身に引き受けていたように見えたと随行した信徒は語っているが、原因は分からない。おそらく、友司自身、自分の不調は痛いほど分かっていただろう。しかし、それでも彼女は、仏教者としての活動を休むことはなかった。「教主と私とはいつも一緒です。それに、関西の方は私たちを待っていてくださるのですから……」と言って、八月一日に、真乗、三女・真砂子とともに芦屋の関西本部に出発した。このとき、友司はすでに自分の死を予感したのだろうか。自らの身辺を整理し、娘たちに後事をこまごまと念を押したという(『摂(すく)いの途慕(とも)』)。そして、名残りを惜しむように、建設中の精舎(しょうじゃ)の工事現場を見て回ったのだった。

八月六日。関西本部には信徒が参集し、朝からあわただしかった。友司は「本当に済みませんが、今日は少し休ませていただきます」と言って、ふとんに横になっていた。そして、心配する真乗を「皆さんは、お父さんの話を待っているのですから行って下さい」と送り出した。再び真乗が部屋に戻ってみると、真砂子が友司のそばに付きそっていようとしたが、「お母さんは大丈夫だから、早く接心していらっしゃい。今日は接心の方が大勢だから」と真砂子を接心に送り出し、さらに真乗には初信の信徒のための質疑応答をするように言って、自分はひとり部屋に残った。それから二時間ほどして、友司の異変に気づいたのは真砂子だった。医師を呼んだときには、すでに手遅れで、午後五時十分、友司は遷化したのである。享年、五十五。それは、あまりに突然の出来事だった。

八月六日は、奇しくも真乗の祖山、醍醐寺を開山した聖宝・理源大師の命日であり、八月八日には、醍醐寺から友司に大僧正位が追贈された。友司は有髪で在家の女性として、真言密教の僧位を極めたことになるわけだが、これは千年を超える歴史を持つ醍醐寺でも初めてのこととなった。

八月十一日には醍醐寺執行長、岡田宥秀大僧正を導師として葬儀が執り行われ、八月十九日の二七日法要のとき、法号が贈られることになる。

摂受院友司慈凰大僧正。

この法号は、伊藤真乗生誕百年となる二〇〇六（平成十八）年に摂受心院と改められるのだが、摂受とは、寛大な心で他者を受け入れることを意味し、仏教では、衆生の善を受け入れ、収めとって導いていくことを言うものである。人々を救うための菩薩の利他行に四摂事、または四摂法と呼ばれる四つの方法があって、布施摂（仏の教えを説く法施と、物を与える財施の二種がある）、愛語摂（やさしい真心の言葉で接すること）、利行摂（身・口・意、すべての働きでもって、相手のためになる行いを重ねること）、同事摂（相手と同じ立場になって、心を通わすこと）なのだが、友司の一生とは、まさに四摂事の実践であったと言えるかもしれない。死に臨んでも、自分よりも信徒のことを気にかけたように、つねに他者を優先して利他行に生きた友司の法号を選ぶとき、真乗の脳裏には、そうした友司の生前の姿が去来したのではないだろうか。

真乗は友司の死を「その最後もまた布教中とあれば、友司も本望であったろう」（『燈火念念』）、あるいは「苑主の最後は、本当に我が妻ながら立派であったと思っております」（『一如の道』）と語っている。それも本心ではあるだろう。しかし、かつて真乗・友司夫妻を「一心同体」と評した人に対して、真乗は「いや、一心一体です」と答えたことがある（『歓喜世界』一九八二・二）。友司の死は、半身を引き裂かれるような痛みと悲しみを伴うものだったに違いない。

5　時は今

今や日本のみならず、アジア、ヨーロッパ、アメリカと、海外にも精舎がある真如苑だが、最初に海外で精舎が建立されたのは、一九七一（昭和四十六）年、ハワイにおいてだった。真乗はたびたびハワイを訪れているが、「この景色を摂受心院に見せたかった」といつも語っていたという。

真如苑は、真澄寺建立のときに笠法稲荷大明神、接心道場建立のときに八大弁才尊天（弁才天）、そして友司遷化の三年後となる一九七〇（昭和四十五）年に、醍醐寺より清瀧大権現を護法善神として勧請している。空海ゆかりの清瀧大権現は、若き日の真乗と友司が水行に通った高尾山の蛇滝に祀られている護法神でもあった。また、一九七九（昭和五十四）年に落慶する発祥第二精舎には、本尊として十一面観世音菩薩が安置されることになる。密教では「三輪身」と呼ばれる仏身についての解釈があって、それは如来として教えを説く「自性輪身」、如来の教えでもって人々を救済する菩薩であるところの「正法輪身」、そして、忿怒の相で度しがたい衆生を救済する明王、「教令輪身」なのだが、このとき、真如苑は、発祥第一精舎の法身釈迦如来の大涅槃尊像、発祥第二精舎の十一面観世音菩薩像、真澄寺の不動明王像と三輪身満足を遂げることになったのだった。立教前から友司が観音信仰を持っていたことを思うと、第二精舎に十一面観音を祀ったことは、真乗にとって感慨深いものがあったのではないだろうか。

　真乗は、摂受心院逝去の二十二年後、一九八九（平成元）年七月十九日に遷化する。享年、八十三。法号、真如教主金剛身院常住救鳳真乗大本位。

　そして、真乗遷化後、真乗の遺志によって真澄寺首座、真如苑苑主となったのが、真乗と友司の三女・真砂子、伊藤真聰だった。真聰は、一九九七（平成九）年、醍醐寺の真如三昧耶堂落慶法要において、国宝の金堂で執り行われた慶讃法要の導師をつとめた。これは千百年を超える醍醐寺の歴史のなかで、女性が導師をつとめた初めての例になった。さらに、一九九二（平成四）年には、母・友司に続いて醍醐寺から大僧正位を贈られている。

真聴は友司の遺志を継いで、積極的な海外交流を行っているが、真如苑は、他宗や他教の信徒が入信する場合、それまでの信仰を捨てて改宗することを求めず、たとえば、キリスト教徒ならば、その信仰を持ったまま真如苑に入信できることになっている。これも友司が身をもって示した摂受の心を受け継ぐものなのだろう。この点においては、釈尊も同じであった。釈尊が生きた時代は、ナガラと呼ばれる都市国家が成立し、王権が確立するとともに、ヴァイシャ（庶民）階級のなかからシュレシュティン（長者）と呼ばれる富裕な商人が生まれた時代だったが、当時は、釈尊以外にも新しい思想家が生まれた。これを仏教の立場から「六師外道（ろくしげどう）」と呼ぶが、釈尊以外にも信奉者を集める六人の出家修行者が存在したわけである。今なおインドに息づくジャイナ教の開祖、マハーヴィーラもその一人なのだが、当時のインドで強勢を誇ったマガダ国の国王、アジャータシャトル（阿闍世王）は、最初、ジャイナ教に心酔したが、釈尊に出会って改宗しようとしたとき、釈尊は王にマハーヴィーラの教えを捨てることはないと語ったという伝承がある。

現苑主である真聴は、一九九九（平成十一）年から、ハワイで灯籠流しの法要を執り行っているが、これは象徴的なことかもしれない。場所は、世界最大級のショッピ

ハワイのアラモアナ・ビーチには、参加者の祈りとともに多くの灯籠が海を照らす

ング・モール、アラモアナ・ショッピングセンターを控えたアラモアナ・ビーチ。毎年、五月の最終月曜日に行われているが、この日は、アメリカの休日、メモリアル・デー（戦没者追悼記念日）であり、灯籠流しは、ハワイの年中行事としてすっかり定着し、二十回目となる二〇一八年は五万人以上の人が集まった。ハワイは、アメリカ合衆国五十州のうち最後に加盟した州だが、百三十万人を超える州民は、先住ハワイ人及びポリネシア系、アジア系、ヒスパニック、アフリカ系、ネイティヴ・アメリカン、白人と、多様な人種・民族で構成され、オハナ（家族）の精神で共に暮らしている。そうし

ハワイ灯籠流しにて、法儀を行う真聰（平成23年5月30日）

た土地で、仏教の法要である灯籠流しが、民族や宗教を超えて共有されている姿は、摂受心院の心を継いだ真聰の宗教的な融和の精神が、海外に定着した好例と言えるのではないだろうか。

本章の最初に、真聰の全米女性会議におけるスピーチの前半を紹介したが、ここでは、その後半を紹介しておこう。

摂受心院の人生は、幼い時に父と死別し、母親とも離別したなかで、ただ一人の妹も幼くして失うという不幸な身の上でした。また宗教家となった後も、さまざまな受難がありました。

多くの聴衆を前に〝母、妻、仏教者〟であった摂受心院を語る伊藤真聰（平成22年10月。ロサンゼルス全米女性会議にて）

　しかし、法母（はは）は、「憎しみや怨みから建設的な解決は生まれない」と教えてくれました。いつも相手を信じ、辛抱強く待ち続け、許し、声をかけ、正しい道理（みち）へと導いていったのです。

　私もいかなる時も人間の力を信じ、女性の指導力を信頼しています。

　世界に問題があるなら改変していきましょう。困難や課題の多い時代だからこそ「生まれてきてよかった、生きてきてよかった」と皆が思えるように、智慧と慈悲の力で〝人を導く人〟を育て、希望の未来を切り開いてゆきたいと念願します。

関西本部にて真乗、真砂子（真聰）とともに
（昭和39年10月2日）

最後に、摂受心院の言葉で私の話を締めくくらせていただきます。
「すべて越えられる苦難である。時は今――。」

真聰は、まだ幼かったころ、洗濯板で衣類を洗いながら、『観音経』や『理趣経』をかたわらの小さな台に広げ暗記していた母の姿を覚えている。自分のことを顧みることなく、寝る間も惜しんで、仏道を歩んだのが、摂受心院という人だったのだろう。

友司は一九六三（昭和三十八）年二月の親教（法話）で、感謝を行いに現わしていくことの大切さを語り、『大般涅槃経』の次の一節を引用している。

大涅槃において常楽我浄(じょうらくがじょう)の想いを生ずべし。先に他人のためにし、而して後、身のためにす、当に大乗のためにし、二乗(にじょう)のためになすなかれ。

つまりは、何事も自分のためではなく、まず他者のためになせという大乗利他の教えが語られているわけだが、摂受心院・伊藤友司とは、生涯をかけて、大乗利他を生きた人だった。それは、観念ではなく実践の問題であり、仏法のなかに住するとは、日々を生きることにほかならない。しかし、それは道林禅師と白楽天の問答にあったように、三歳の子供でも分かるが、老いても行うのは難しいといった種類のことである。そして、友司は、日々をその実践に生き、仏法とは何であるかを、その身で示し続けたのだった。その生涯は、いまだに、仏道を志す者に語り続けているのではないだろうか。

「すべて越えられる苦難である。時は今――。」と。

参考文献

『藤の花房』第一集　橘佐久夫編著、昭和六十年八月六日刊、初版　昭和四十四年十一月一日刊
『藤の花房』第二集　橘佐久夫編著、昭和六十年八月六日刊、初版　昭和四十九年五月六日刊
『一如の道』伊藤真乗編著、平成十九年十一月三日刊、初版　昭和三十二年五月八日刊
『苑史回想』
　季刊『歓喜世界』第一〇三号（昭和五十年）から第一六〇・一六一号（平成元年）まで連載
『創(そう)の悠恒(ゆうこう)に』和泉圭紀編、平成二年十一月十九日刊
『四樹』真如苑教学部編、平成七年四月十五日刊
『摂(すく)いの途慕(とも)』真如苑教学部編、平成二十三年十一月三日刊、初版　平成七年八月六日刊
『金剛の舎』真如苑教学部編、平成十一年十一月三日刊
『見えない心を観る』仲田順和著、平成十九年三月八日刊
『燈火念念』伊藤真乗著、平成二十一年十二月二十八日刊、初版　昭和五十一年三月二十八日刊
『法の琴譜樹』伊藤真乗著　昭和五十八年三月二十八日刊

見えない心を観る

総本山醍醐寺執行長
（現・総本山醍醐寺第百三世座主）
仲田 順和

今日は、五十周年をお迎えになった青年会の皆様とお話をするということで、非常に楽しみにいたしておりました。

今日皆様は、きちんと座っていらっしゃるのですが、その座っていらっしゃる形は「正座」と言います。これは隙のない構えです。どこから打ち込まれてもいい構えなのです。どうぞ足を崩して、無抵抗の姿勢で話をお聞きください。どうぞ。

今日皆様には、伊藤真乗教主様がお心をお寄せになって、修行なさった醍醐寺のことからお話をしてまいりたいと思います。

身体を作る

ご存じのように私は、今、総本山醍醐寺の事務的な一切の責任を持っております(当時、仲田師は醍醐寺宗務総長だった)。

私は東京の品川寺という寺で生まれ、小学校四年生の時に鎌倉に修行に出されました。都立高校に入学できたならば、東京へ帰って来てよろしいということでした。都立高校へ入学するのは、その頃は非常に難しかったので、どうしたら戻れるか、勉強ではなかなか大変だと思案いたしまして、バスケットを一生懸命しました。そしてバスケットでうまい具合に東京へ帰って来ることができました。

私は、修行に耐えられる自分の体力が、運動、スポーツを通してできたということに、非常な喜びを感じているのです。

み仏様に応えるために学問を捨てる

それともう一つ、今日、皆様に是非初めに聞いておいていただきたいのは、私が学問的なお話はしないということです。

昭和四十三（一九六八）年に、私は大学の研究室を辞めました。なかなか辞めさせてくれませんでした。私の友達、今は亡くなられたんですけれども、花山勝友君とか、坂東性純さんとかに「今まで勉強してきたこと、どうするの」と言われました。最後には「育英会の奨学金を返さなければいけなくなるよ」とまで言われました。でも、学問の世界と縁を切りました。

実はこの決断に、教主様のお相の影響が非常に大きいのでございます。教主様は『涅槃経』を、ご自身で、所依の経典として選ばれました。教主様は『涅槃経』に何の疑問も抱かずに、一生懸命、『涅槃経』の教えの中から、皆のためになる真理を探りながら、祈りを傾けていらっしゃいました。

私は、そうではございませんでした。同じ『涅槃経』を扱いましたけれども、学問的に、原典の言葉と、漢字で訳されたことと、またそれから日本語に訳されたことと、その違いばかりを探していました。確かに学問ではそれは必要かもしれません。でも祈りの世界では必要ないわけでございます。それで研究室を辞めました。

もう一つの理由として、み仏様の呼びかけに応える、ということがございました。皆様接するいろいろなお経の中、経典の冒頭に、漢訳ならば「如是我聞」、サンスクリットで「エーヴァム・マヤー・シュルタム（私はこのように聞きました）」という言葉が出てきます。これは一人称の呼びかけですから、それにどうお応えするか、これが大切です。

一人の神様を中心とした一神教の教えでは、「汝ら（皆さん）、これこれをしなさい」と、二人称の複数形の呼びかけがあります。そこには命令形が含まれています。

一人称単数の「如是我聞」には、命令形はございませんけれども、自分がその教えに対してどう応えていくかということが大切でございます。私も、み仏様に対してどうお応えしていこうか、考えたのでございます。

私は昭和三十五（一九六〇）年頃、初めて教主様と伊藤友司苑主様に出会いました。お二方のお相から、私はみ仏様のお言葉に、「私はこう聞きました」と、応えなければいけないと、肌身で感じたわけです。それで私は、学問の世界から一歩退きました。従って今日、皆様にお話しする言葉は、学問的にはご満足いただけないかもしれません。しかしそれは一人の信仰者、祈りの実践者の言葉としてお聞きいただきたいということを、最初にお願いいたしておきます。

密教は師資相承を経てはじめてわかる

ご存じのように、この真如苑（しんにょえん）、教主様の教えの根本になっているものは、仏教の中でも、密教でございます。空海（くうかい）上人が唐（中国）に渡って、恵果阿闍梨（けいかあじゃり）から直接稟（う）けてきた教えでございます。これが日本に密教がもたらされた最初でございます。

その時に一つの約束事がございました。この教えは師匠から弟子に一対一できちんと伝えられていくべきものということでございます。それを師資相承と申します。

今、世の中には密教について書かれている本、いわゆる啓蒙書が、いろいろございます。ところが、啓蒙を目指した本でありながら、分かりにくいものがたくさんあるのです。それは書かれた方が、師匠に就いて、師匠から教えを聞いていないからです。師資相承がなく、そしてその教えを実践してもいないから、皆様に理解していただけるような書物にはならないわけです。

たとえば、日にちの読み方から間違ってしまいます。仏教では七日を一組にしていますから、一七日、二七日、三七日と書き、そのように読みます。ところが、本来は縦書きのものを、ワープロなどで原稿を作るからみんな横書きになるんですね。だから〝じゅうしちにち〟などとなってしまうんです。例えば「一日三座、十七日間、二十一座の護摩」なんて平気で書いてある。正しくは「一日三座、一七日（七日間）、二十一座の護摩」となるべきものです。師に就いていればすぐ気付けることですが、本だけ見ていたら気がつかないまま、間違って覚えてしまう。伝授の大切さ、修行の大切さというのはこんなところから始まるのですね。

一切を受け入れ、民衆のために祈る――師資相承と衆生済度

ここで、密教の二つの特色をまとめて申し上げておきます。ものごとを総合的に統一していくということ。これが一つでございます。言い換えれば、師資の相承のうちに、いただく一切を摂受(しょうじゅ)する、一切を受け入れていくということでございます。

そしてもう一つ申し上げたいことは、今の密教が忘れていること。密教を伝えた空海がいかに民衆のために役立ってきたか。言い換えれば、社会との接点、民衆のために、自身が祈りながら行動することが密教の根本なのです。

師資相承ということ、師匠から弟子に伝えられていくことは密教の本質なのですが、あまりにも伝授の関係を中心に説かれているために、民衆に対する心の寄せ方、これが全部忘れられているということでございます。

醍醐寺、みいだされる

空海が伝えられてきた密教は、これを受け継ぐ方がいらっしゃいました。一人はその教えを京都の仁和寺で広めました益信。お一人は京都の醍醐寺でその教えを広められました聖宝（聖宝・理源大師）。空海と聖宝の間には真雅という方がいらっしゃいます。この真雅から聖宝は教えをしっかりと受けとめました。そしてご自身がその教えを広めるために、修行の道場、教えの基点を探しました。

修行の場を求めておられた聖宝・理源大師は、南方に五色のたなびく雲を見、それを訪ねて行ったところ、今の醍醐寺の山頂、上醍醐に辿り着いて、こんこんと湧き出る水を一人の老人が飲んでいるのに出会います。老人に「自分は山を歩き、修行する場所を探しているのだけれども、この土地はどうだろうか」と問うと、老人は聞こえたか聞こえないか分からないけれども、「ああ、醍醐味かな」と言ってもう一度そのお水を飲み干したと。そしてその老人は「この山こそ、諸仏・諸菩薩がいっぱい集まっている土地だ。ここにお寺を開くことが一番いい。あなたにこのお山を差し上げましょう。私はこの山の地主神の横尾明神だ。この山をいつまでも守り続けましょう」。そこで聖宝は、ご自分の開かれるそのお寺に、老人の言葉から、醍醐寺という名前を付けられました。

その後に、熱心に醍醐寺のご信仰をしておられた天皇が、ご自分の名前を醍醐寺からお取りになって、醍醐天皇と称するようになりました。まず醍醐天皇は薬師如来様を造らせて、そして人々の病を癒しました。そして、五大堂に五大明王様をお祀りして国の安泰を祈りました。古くから伝わっている、人の命を大切にし、子供を授かるようにという観音様の信仰もございます。醍醐寺は千百年の信仰の中で、この三つの信仰を大切にしてきました。

醍醐寺ができたこのお話は、聖宝・理源大師が『醍醐寺縁起』という書物を通し、ご自身で私たちに伝えたものです。夢物語のように現実味の薄いものとお聞きになられるかもしれません。これは目に見えない心のお話です。けれども、空海、真雅から受けた祈りは、聖宝によって醍醐寺の三宝院にそのままに伝えられました。この醍醐寺が中心となって、多くの流派が出ましたけれども、醍醐寺は目に見えない心のお話をそのままに、受け継いだ燈火を消さずに継承してきたのです。

「南無遍照金剛」とお唱えするわけ

醍醐寺はその後、聖宝が亡くなった後に、観賢（かんげん）というお坊様が醍醐寺第一世の住職、座主（ざす）になられます。この方が、聖宝様の姿そのままを受け継いで、空海に大師号を差し上げました。つまり、贈るように天皇に申し入れました。そこで醍醐天皇から空海に弘法大師（こうぼうだいし）というご法号をいただいたわけでございます。

弘法大師には、遍照金剛（へんじょうこんごう）という、恵果阿闍梨からお弟子さんとしていただいたお名前もあります。苑でも弘法大師のご法号をお唱えになる時に、「南無遍照金剛」とお唱えになりますね。よそでお耳にされるのは、「南無大師遍照金剛」でございましょう？

この違いがどうしてあるのかはお分かりになりますか？……観賢が、醍醐天皇から弘法大師号をいただく前の流れを受け継いでいるか、後の流れに属しているかの違いなのです。ですからそれ以降のお山はみんな「南無大師遍照金剛」とお唱えしています。醍醐寺は始めから聖宝・理源大師によって、「南無遍照金剛」と言って拝んでいたわけでございます。歴史の古さ、重さを鑑（かんが）み、そして最初に聖宝・理源大師が唱えられ、弘法大師を祈念されたそのままに、「南無遍照金剛」と今もお唱えしているわけでございます。そして教主様も、古くから伝わるその形をそのままこの苑に伝承され、皆様が「南無遍照金剛」とお唱えされているわけでございます。

醍醐の二つの法流――三宝院と恵印

醍醐寺には、三宝院の法流とあわせ、もう一つ、恵印法流というのがございます。これはそれまでずっと伝えられてきた修験道、山で修行し、山で祈る道を、聖宝が受け継いで開かれたものです。奈良・吉野が、「紀伊山地の霊場と参詣道」として世界遺産に登録されたことは、皆様のお耳にも触れていると思います。そこに大峯山という山がございます。聖宝は神変大菩薩によって導かれてこの大峯山に入りました。そこで龍樹菩薩から、山で祈る方法を伝授され、恵印法流が生まれました。

龍樹菩薩は二、三世紀頃の人ですから、学問的には聖宝が龍樹に会うはずはないということになります。しかし、聖宝・理源大師がここで、目に見えない心のお話をして下さり、私たちに一つの道を開いてくださった――こう受け止めることはできないでしょうか。

現在、日本に修験道の山伏が大勢いますが、その祈りはみんなこの流れ、最勝恵印三昧耶法の法流に出発しています。最も勝れたと書く「最勝」は、大日如来の別のお名前でもあります。「恵印」は知恵の「恵」と結ぶ「印」です。大日如来が示されたお心と行動を表わしています。ですからこの恵印法流というのは、実践をしていかなければいけないということでございます。

三宝院の教えと恵印の教えと、この二つを醍醐寺はずっと伝承しております。現在までに大勢の方がここで修行し、仏様の姿や教えを一生懸命書き残しています。師匠から聞いたことを一言も漏らさずに書きとどめておこうという気持ちからです。

み仏を心の中に、外に、描いていく

修行の一つに道場観というのがございます。修行をしていく上でのイメージトレーニングです。まず一つの種字（梵字）を観じます。観じたその字からお堂の姿を観じます。お堂を観じたならば、その中央にまた新しい字が出てくる。その字にずっと集中しているとそこに仏様が現われてくる。その仏様の姿はこうですよ、というふうに説かれます。

その道場観を聞いたお弟子さんは一生懸命言葉に書き残します。また図案で書き残す人もいます。それが白描図と言われる、いわゆる仏様の図です。更にそれに色が塗られると仏教絵画になります。お相を立体化するお坊さんもいて、仏像ができます。教主様が謹刻なさっている涅槃像のお相。それは、教主様が道場観の中から感得されて、それをお相に表わされたものです。ですからその辺に売られているものとも、今ブームの密教図像とも違います。きちんと修行し、そして道場観でしっかりと確かめ、その中からご自身で描き出された、そのお相でございます。それをまずお感じになってください。

恵印法流と三宝院の金胎両部の法流とでは、修行する中身自体は、ほとんど同じでございます。手の中に宇宙全体の相を観じます。まず基本はこの両方の手、右の手に仏様を観じ、左の手に衆生を観ずるのです。そして指一本一本に名前がついています。小指が地。薬指が水、中指が火、そして人差指が風、親指が空です。地水火風空、土地と水と火と風と空、これを五大と呼びます。仏の世界の地水火風空、私たちが生きている世界の地水火風空、この左右を組み合わせながら、指の組み合わせで一つ一つの表現をしていきます。それは、祈りの世界、仏様の相をこの手の中で実現することです。印を結ぶのです。

教主様の印をお結びになられる姿も綺麗ですね。継主様も綺麗に結ばれます。ご修行を積めば積むほど、そして、ご自分の中に宇宙を観じられるほど、いっそう、手の動きはしなやかに綺麗に結ばれていきます。

行の真髄

恵印の修行にならび、三宝院には弘法大師からの非常に厳しい伝統的な修行がございます。最初に如意輪観世音菩薩をお参りし、そして十八道、金剛界、胎蔵界、そして護摩と、全部で百八日間修行いたします。その行が終わった時に伝法灌頂という灌頂に入って、大日如来からずっと現在まで伝わる血脈をいただけるわけでございます。

恵印法流のほうは少し趣を異にします。最初に弁才天を、そして深沙大将や金剛童子など、七つの身近な仏様をお参りします。最後に大日如来をお参りして、護摩を修行します。これが恵印七壇法と呼ばれています。そしてその後、灌頂壇に入るのです。

伝法灌頂のほうは、灌頂の中身は一切他言してはいけないという厳しい掟がございますが、非常に難しい言葉でそれが書かれています。ところが恵印法流は、もっとかみくだいた表現がされています。例えば、「このことはたとえ親子兄弟といっても話してはいけない。もし話すならば、汝の頭をして爆発せしめる」と書いてございます。

それから恵印法流には、戒を受けたらお酒を飲まない、肉を食べないなど、いくつかの決まりがございます。でもどうしてもお酒を飲まなければいけない時は、お酒を飲んでもよろしいでしょう。その代わり飲んだらこの真言を唱えなさい。お肉を食べなければいけない時はお食べなさい。食べたらお詫びにこの真言を唱えなさい、ということになっています。

このことは「私は修行していますから」と言ってお友達との間を裂かない。みんな一緒になって修行する、人と自分との隔たりを感じさせないということなのです。わかりやすい表現、自分と周囲とを隔てない、これが恵印法流でございます。教主様がこの恵印法流を非常に大切になさった理由はここにございます。

「真言宗の行は難しくて大変、こんな行もします、あんな行もします」と、本に書いてあるのをご覧になられたと思います。しかし本当の行の厳しさ、その真髄は教主様から聞いたお言葉に表われています。「行は学問を考えたらできない。行はこれをしたら幾らになるかと考えたらできない。行は命を考えたらできない」、教主様はこの三つを私におっしゃいました。たしかに、行は学問を考えたらできません。「これをやったら幾らになるのだろうな」と思ってもできません。「これをしたら死んじゃうのではないかな」なんて思ってもできません。自分を一切捨て切ってこそ、行ができるわけでございます。皆様、行をなさる時に、「これはどういうことなのだろう」ということはお考えにならないで結構でございます。ただ一心にそのことに打ち込んでください。

皆様は地域社会で早朝の清掃をなさいますね。それがまず真如苑の行の出発だと思っております。そこで行のあるべき姿を皆様に会得していただきたい、心得ていただきたいと、教主様は思っていらっしゃいます。また皆さんもそれを受けて、一心にしていらっしゃることと思います。どうぞお努めください。

「与えられた試練」という忘れられないお言葉

私は先ほど、教主様・摂受心院様と出会ってから四十年と申しました。ちょうど私は、その頃、全日本仏教青年会の理事長をしておりました。また研究室では一生懸命に、『大般若経』の索引を八年間かけて作っている最後でございました。文部省（現・文部科学省）の科学研究費をいただいて出版する最後の時で、大変苦しい時でした。

私の机の上に、一冊の本が載っていました。『青苑』（第六号）でございました。その中に「与えられた試練」というお話があり、書かれたのは伊藤友司という方でした。「縁あってサラリーマンだった教主のところに嫁ぎ……」という文章があり、この方が女性と分かりました。ご自身が身内の方を一人二人と亡くされ、大変辛く苦しく悲しい道を辿られたこと、ご結婚後、信仰の道に入られたこと、そして試練をご自身の糧とされたことがつづられてございました。「真の喜びというものは、苦難なくして得られるものではありません」、「苦難のなかにつちかわれたものが、やがて社会に出て世の円満な指導者となるための因（たね）ともなってゆくことでしょう」というお言葉に、私は大変心を惹（ひ）かれました。そして伊藤友司様という方に、一度お目にかかってみたいという思いを寄せておりました。

後にこの方が、私の研究室の上の宗教学の研究室にいらっしゃる方の、お母様だと分かり、また「サラリーマンだった教主」とは、醍醐で修行された教主様のことであり、そのお寺が真如苑だということが分かりました。

その後、昭和四十一（一九六六）年に、初めて真如苑に伺い、それからたびたび苑をお訪ねするようになりました。また双親様をお迎えして醍醐寺をご案内する機会もたびたびございました。

醍醐での双親様

初めて双親様が上醍醐に上がられる時に籠（かご）を二台用意しました。教主様、摂受心院様は、お籠に乗られる作法を、きちっとお分かりになっていらっしゃいました。ご自分の履（は）き物を脱がれ、輿（こし）の籠のお座布の下へすっと入れられ、乗っていらっしゃいました。

最初の坂道を上がったやや平らなところで一休みしました。そこで摂受心院様は籠を担いでいる四人の青年に声を掛けました。「あなたお幾つ？」と。そこから、摂受心院様は籠を降りられて、そして歩かれました。青年はちょうど両童子様（教導院智文と真導院友一）のお年に近い人達でした。私はこの時に、母の心というものを感じさせていただきました。

ある時は醍醐寺のお山で松茸狩りをしていただきました。準備をした時に、山の上ですから、お手洗のないことが心配でした。そして、楽しく松茸狩りをさせていただいた終わり頃になって、摂受心院様が私に「仲田さん、私達ちょっと……」と言われたので、お手洗のことと思い込み、ドキッとしました。本当にどうしようかと思ったのです。そうしたら「仲田さん、どうかなさったんですか。私達そろそろ帰ろうと思うんです」と言われ、ホッといたしました。あらためて、本当に楽しくて時の経つのを忘れてしまっていたなあと、そんな思いをいたしました。

もてなしの心

　その頃は今のように道が舗装されていませんでした。私が苑へお使いに来る時も、歩いているうちに靴は埃だらけになります。ところが、帰る時には必ずピカピカになっているのです。芦屋の道場（万代院）に初めて伺った時に、雨の日でしたが、摂受心院様が一人一人の教徒の履き物を洗っていらっしゃるお姿に接しました。私の汚れた靴も帰りまでに磨いてくださっていました。

　あまりに申し訳ないと、その次に来るときから一計を案じまして、まずお玄関を入る前に、ズボンの裾で両端の靴を拭って磨いたんです（笑）。そして埃を取って苑に伺ったという、そんな思い出がございます。

　教主様のところに伺った時に、雨で自動車が汚れてしまったこともありました。帰りがけにみると、車がピカピカになっているんです。「とても申し訳なくて乗れません」と、摂受心院様に申し上げたら、「仲田さん、あなたは今日、教主のところにお使いに来てくださったじゃないですか」、そうおっしゃいました。今でも耳元で囁かれたようにこのお言葉が残っております。

……双親様を身近に、たくさんのことを学ばせていただきました。

教主様の行を受け継ぐのは真如青年

今日お話ししました醍醐のお話と、教主様の行動とを、比較してみてください。古い伝統のある教えの重みを、教えの間違っていない証を、皆様方にどのように伝えていったらいいかと、教主様はお考えになったのでございます。そのために先ほどの五大、水に心を寄せ、火に心を寄せ、土に心を寄せ……と、修行します。そしてその上に自分自身（意識）を築きます。五大の上に六大（識大）を築くということです。教主様はそのままそれを教えの中で実践されました。

『華厳経』の教えから始まって『法華経』まで、五つの経典をお読みになった。そして、これは実践できない、実践しないと判断された。そして最後に六つ目に『涅槃経』を置かれ、そして全ての教えに『涅槃経』を注ぎ込まれたわけです。

私から見た双親様の行のお相とか、直接うかがった双親様の教えについてお話しすることを、皆様は期待されていたのではないかと思います。しかし実は、教主様と摂受心院様が示された行の一番先端に生きて、そして実践をされているのは、ほかでもない、今日お集まりの、真如苑の新世代の皆様です。双親様の教えを聞かれ、教えに学び、そしてその最前線で生きようとしている、それが真如苑の新世代の青年、ここにいる皆様です。

むしろ私のほうが、皆様の中に、双親様の行と教えを、見いだしてまいりましょう。私たち醍醐一山、また世間の方々は、教主様の教え、摂受心院様の教え、教主様の行、摂受心院様の行、それを、皆様の姿の中に見いだしていくわけでございます。皆様が今、一つ一つ求め実践していらっしゃることは、醍醐の千百年の祈りを受け継がれた教主様と摂受心院様が、どのように実践にあらわしていくかを示してくださったのと同じものであるわけです。どうぞ自信と誇りを持って、私たちに教主様の教え、行、そして摂受心院様の教え、行をお示しください。

お施餓鬼を修する心――怨親平等・一切摂受

皆様が受け継いでおられる教えの一例を取り上げます。皆様も真如苑のお施餓鬼(せがき)に立ち会われたことがございましょう。またご自宅でお施餓鬼をしていらっしゃる方もおられるでしょう。

普通お施餓鬼は、毎日毎日、甘い木の下あるいは水のほとりで、物音を立てないで修します。お腹を空かせた餓鬼は、人目を忍んでそのようなところに集まりますから、その餓鬼のために祈り施しなさい、というのが伝統的な教えでございます。ところで、これを教主様は、衆生済度(さいど)・一切摂受のお気持ちから、お堂の壇の上にて修されるわけです。

皆様はこの壇上でお施餓鬼が行(おこな)われることを当たり前だと思っていらっしゃるでしょう。そうではないのです。教主様は、一切を摂受する、つまり、餓鬼や畜生というような諸霊をも仏様の位(くらい)に勧請(かんじょう)し招き上げて、祈りを共にし、飯食(おんじき)とお水とで供養されるのです。

一切を摂受する怨親平等のお心が、教主様のお施餓鬼にはあります。ですから真如苑のお施餓鬼は功徳無尽のものであると、私たちは感じているわけでございます。そういうところにも、教主様のお心があるということ、どうぞお感じいただきたいと思います。

西方浄土を観る

教主様がおっしゃられたことがございます。「立川、八王子という土地は、東京の西にあるんだよね。夕日が綺麗なんだ」と。「『夕焼け小焼け』の歌を作った作者は、八王子の駅を降りて、西を見て、そして夕日の綺麗な姿を見た。そしてあの歌を作ったんだ」そうおっしゃった。「私達の父母は、みな極楽浄土と言われている西方に住んでいる。お寺の鐘が時を知らせたら、時が来たら、みんな西に行く。その時はみんなお手々つないで行く。カラスも一緒に、生きとし生けるものは、みんな仲良くしよう。そういう一切摂受の世界があの歌にあるんだね」と、そんなことをおっしゃったことがあります。

私は小さい時から、この夕焼け小焼けの歌が好きでした。教主様のその一言の重みをズシンと感じながら、いつも夕日を仰いでいます。私も自分の師匠に会える、その時に一つでも多くの報告ができたらいいなと、楽しみにしながら、信念を持って生きています。

皆様、醍醐寺に伝えられた目に見えない心のお話によって開かれたいくつもの教えや道が、真如苑のこの教えのなかにあることを、どうぞしっかりとお胸に秘めていただきたいのです。

この辺で終わらなければいけないのを非常に寂しく思い、こぼれかけていながらなんとか涙をこぼさずにお話しできたことにホッとしております。

ある本の中で、双親様のことでインタビューされた私が「非常に言葉を選んで話をした」と書かれたことがあります。でも正確には、私は、言葉を選んでいるのではなくて、教主様のお話、摂受心院様のお話をすると胸が詰まるのです。一つ一つの言葉にたくさんの思いがあるのです。

それで、言葉を考えながら言うのを、まるで真如苑さんに気を遣って言葉を選んでいるように読まれてしまうのですが、そうではなくて、胸がいっぱいでそうなってしまうのです。今日も、どうぞお察しください。
ありがとうございました。

（平成十六年八月二十八日）

霊性と教団——その継承の意義をめぐって

南山大学教授　奥山倫明

超越とその共有

宇宙――時間と空間によって規定された世界――について、おそらく私たちはすべてを知りえない。しかしながら、その探究は日々、展開、更新されている。観測の精度を上げ、実験を繰り返し、その知見をもとに議論を経て鍛え上げられた明証的な知識、つまりは科学的な知識が積み上げられている。

ところで、科学的な知識とは別に、異なる手法による認識もある。主として思索や考察による知的探究は、哲学や思想と呼ばれる領域での企てである。後者のなかに、とりわけ科学による証明によっては検証できない、宇宙、世界、人間にかかわる認識もある。こうした、科学的には未知未見、あるいは不可知の領域にかかわる認識は、超自然的、超経験的、あるいはたんに超越的な認識と呼ぶことができるかもしれない。

思索という知的な営みが、それのみで完結しない――あるいは完結すべきではない――ものと捉えられるときに、その思索が現実の生のあり方において実現されることが求められる場合がある。哲学、思想といった純粋な知的な営為から一歩、踏み出した人間の営みがここにはある。その際、超越的な認識との関係で、人間の生が意味づけられ、また人間の生がそうした超越的な領域との関係で方向づけられることもありうる。科学的には知りえない領域が存在することを前提として——すなわちそうした超越的領域の存在を信じて——日々、生きていくようなあり方のことである。ここで重要なのは、通常の、科学的な認識によって規定された生のあり方では、人間の生は完結しないと捉えられているからこそ、超越的な認識が導入されるのだということである。そしてそれによって初めて、人間の生は完結する、あるいは完成するものと見なされている。こうした超越的な認識が組み込まれている世界認識のあり方は、ある種、二元論的な世界観と呼ぶことができるだろう。この世界は、別次元の世界との対比のなかで、意味づけられ、方向づけられる。意味づけ、方向づけの根拠が別次元の超越的な世界にあると捉えられている点で、価値の源泉は後者にある。この世界が無根拠で無意味な相対的な仮のものだとすると、かの世界こそが意味にあふれた真正で絶対的な真理の世界なのである。

　ここからさらに一歩、進めてみよう。超越的な領域にかかわる認識は、万人に開かれたものではないかもしれない。確かにおそらく多くの人々にとって、超越的な領域は、日々の暮らしとは無関係だろう。とすると、その認識に到達するためには、ある種の特別な資質が必要かもしれないし、あるいはある種の特殊な行動をとることが必要かもしれない。すなわち、凡人ではなく何らかの達人でなければならないかもしれないし、日常とは異なる実践や体験が必要かもしれないということである。またさらに、そうした超越的な認識を得た人がいても、それが個人の枠内にとどまり、他の人々に知られることがなければ、その認識は人間の社会や歴史にとっては無に等しい。ある種の達人、また修行者が、覚知、体得した超越的な認識が、当の個人のみならず、他の人々が生きていく上でも意義をもつと判断されたとき、その認識を得た彼、または彼女は、自らが知りえたものを、他の人々に伝え、分かち合おうとするだろう。

超越的な認識を、人々に教え、伝えることには、多大な困難が伴うかもしれない。しかしその困難を乗り越えようとしたときに、超越的な認識は、個人という、時間的にも空間的にも限定された、一つの点から広がり始めるのである。超越なるものが一個人から他者へと共有されるとき、それは人間の社会と歴史のなかに組み込まれる瞬間になる。

「宗教」の見取り図——社会・歴史・文化——

ここまでやや抽象的に、漠然と、また回りくどく記してきたことは、今日、私たちが、「宗教」という言葉で呼んでいる現象を、あえて単純化して捉えようとした見取り図である。「宗教」という言葉には、日本語の文脈でもそれなりの紆余曲折があるし、欧米語（英語の religion とその関連語）にも当然、それぞれの言語的、文化的な背景があるが、ここでそうした専門的な議論を振り返ることはしない。簡略化して言ってしまうと、ここまでで述べてきたことは、人類の歴史のある時点で、ある個別の環境のなかで、それぞれ特異な人生の経験を経て、ある種の有徳な人々が到達した超越的な認識が、その個人にとどまらず、周りの人々と分かち合われ、さらには後世の人々にも伝え広められてきたそのあり方を振り返ったものである。ここで「有徳」という価値評価的な言葉をあえて使ったのは、超越的な認識が他者に伝達され共有されるそのあり方そのものを、端的に肯定し、積極的に評価したいからである。これは人間の本来的な社会性に即した評価だと言っておきたい。

この個別の体験によって覚知された超越的な認識が、その認識者から人々に伝達されるとき、一つの伝統が生まれる。その伝統における原点にあたる人物は、この見取り図において一般化して言うと、「教祖」と呼ばれる人物類型に相当し、彼、または彼女が伝える認識の内容は、やがて一定程度、整理、体系化された上で「教義（教理）」として伝承されていく。そしてそれを伝承する人々の集団が、「教団」を形成することになる。ここで取り上げている認識は、先に記したとおり、人間の生のあり方にかかわるものだったことを改めて想起しておこう。その認識を覚知、体得するための生き方が、教祖のあとに続く人々には求められるし、またその認識は、それぞれの人物の生において実践されることで、それぞれの人生を意味づけ、また方向づけていく。その実践のあり方のうち、定形化され、集団化された行動様式が、多く、「儀礼」「儀式」と呼ばれるものに相当するだろう。これらは、しばしば歴史のなかで形成されてきた宗教（「歴史宗教」という専門用語もある）の構成要素として挙げられるものである。二元論的な世界観に立ち、超越的・絶対的な領域との関連で現世を相対化した上で、前者の領域に即した、真の、正しい生き方を唱道する教祖のもと、教団が形成され、教義が伝えられ、儀礼が実践されていく。実際、こうした枠組みに合致する個々の宗教の実例は、すぐにも思い浮かべることができるだろう。

こうした見方をとってみると、宗教が宗教になるために決定的な分岐となる、いくつかの重要な点が浮かび上がってくる。（教祖と位置づけられるようになる前の、新たな世界観を体得した）個人が、自らの体験に基づく認識を、人々と分かち合うことを目指して伝え始めるかどうかが、まずは最初の岐路となる。その認識を享受した人々が、持続する集団を形成し、師の直接の弟子として活動を始めるときに、そこには教祖とともにある教団の原風景が現われている。つまりすでに述べたとおり、超越的な認識を含む世界観は、共有されて初めて宗教となりうる。私たちがここで想起している人類の現象は、本来的に社会的な現象なのである。これはつまり、宗教は社会のなかにおいて、その一端を占めるもう一つの社会（すなわち教団）としてしか現出しえないということだ。この最初期の教団においては、教祖からの直接的な教示もあり、直接の弟子たちは厳しくも温かい直接的な交流のなかで、それぞれの個性に即した人格の陶冶に導かれるものと考えられる。そうした導きのなかで、教義や儀礼も共有されていく。さらには、先輩が後輩を指導していくことにもなろう。

ここにおいてすでに、次に重要な点が見出せる。教団という社会のなかで、教祖や弟子たちの間での分かち合い、共有は、時間のなかで行なわれているということだ。教祖が弟子たちを、先輩が後輩を教え導いていくことで、教団は時間という契機のなかで形成されていく。ここで問題となるのは、時間のなかで形成されたこの教団が、いかにして持続していくか、という点である。それが特に決定的な重要性をもって問われるのは、教祖の死去の時点だろう。ここにおいて、師との直接的な交流は断ち切られる。まずただちに、今ある教団という組織を、教祖亡きあとにも継続していくべきかどうかという根本的な判断をくだすことが迫られるだろう。教祖歿後、その時点で解散するのではなく、後世に向けて教団を維持していくべきだという判断がなされたとすると、その伝え方について、つまりはどのような伝統を築いていくかについて、慎重に意思決定をしていくことが必要になろう。いかにして、今は亡き恩師の、人となり、そしてその教えを守り伝えていくべきだろうか。残された弟子たちは、叡智を結集してその課題に立ち向かわなければならない。さらにまた教団の運営をどうしていくかという、（直接的には宗教特有の課題ではない）組織運営上の問題もある。

教団が歴史のなかで持続するかどうかという問題に関しては、教祖の死去に加え、教祖の直接の弟子たちの死去への対応もまた重要な課題になるだろう。彼ら古参の信者たちの共同体という枠組みを教団が乗り越えていくためには、当然、教団の内部で世代を越えた継承が実現されなければならないし、さらには教団の外部への新たな伝達・宣布（すなわち「布教」、「宣教」、「伝道」と呼ばれる行動）が実践されなければならない。その上、教団の外部では、時代的な変化が進んでいくだろうが、これは教祖の時代、また古参信者の時代にはなかった事態が出現しているということである。こうした時代のなかでの適応の仕方もまた問われていくだろう。過度の適応は変質につながりかねないので、時代の変化に応じた微調整がたえず必要になる。個々の時点で、時代に対峙しながらも、伝統を伝統として伝えることができたときに、その教団は歴史のなかに地歩を築くことができたと見ることができよう。つまり教団というものは、歴史の試練にさらされているということだ。

もう一つ、重要だと思われるのは、やはり伝達のあり方にかかわる点である。これは特に現代特有の課題だといえよう。交通・運搬・通信の諸技術が発達し、物流、情報伝達のグローバル化がいっそう進展してゆくのに伴い、人々の移動、交流のあり方も時々刻々と加速し、多重化している。ここで取り上げてきた類型の宗教は、伝達を本質的な要素とするものだったから、現今のグローバル化は、まさにその伝達という特質をさらに促進していくだろう。教祖との直接的な関係にあった初期の教団からは想像もできないほどの拡大、展開が、量的であれ質的であれ、実現していく可能性もある。そもそもこうした伝達を特質とする宗教は、伝達対象が、特定の人間集団（たとえば「民族」とか「国民」と呼ばれる集団など）に限らないということから──つまりは教義の普遍性に注目して──、「普遍宗教」、「普遍主義的宗教」と呼ばれたり、世界の各地に波及する可能性があることから「世界宗教」と呼ばれたりすることもあった（ただし世界のどの程度に拡大すれば世界宗教と呼びうるのかといった、その概念にかかわる難しい疑問も残っている）。その呼び名はどうであれ、教祖や直接の弟子たちの近接する地理的、文化的な環境を越えて、ある宗教が移動する場合（布教のみならず、人々の移住に伴って、宗教が移動することも含め）、移動先の文化、社会とのあいだでの双方向の影響は避けられない。もともと宗教は、それが誕生した地の文化の影響を多少とも受けているものと考えられ、そのために異文化との出会いの際には、それらの相互の影響が問題となる。たとえ、その教義が普遍性を謳うものであろうと、その宗教そのものがどれほどの普遍性をもっているかが改めて問われるのである。こうして教団は、異文化との出会いに伴うさまざまな現象に、どう対処していくか試されてゆくことになる。

わかりやすいのは、言語の異なる地域への伝達の際に、教義、教典をそもそもどう翻訳するかといった実践的な問題だろう。たとえばＧｏｄは中国や日本において「神」と訳すのがふさわしかったのか、あるいは「天」や「天主」と訳すべきだったのだろうか、といった問題がすぐにも思い浮かぶ。さらに大きな問題で言えば、いわゆる「文明の衝突」といった議論にまで帰着するだろう。こうした宗教の伝達と移動に関しても、異文化への過度な適応は伝統からの逸脱にもつながりかねないので、その程度をめぐって慎重な判断が必要になる。このような見方からすると、すでに述べたように、宗教という現象を考えるときに、社会の側面、また歴史の側面に加えて、文化の側面も考慮しなければならないことがわかる。そしてそれはとりわけ現代的な課題なのである。

こうした見方は、宗教という現象を考えるときに、さまざまな事例に応用が可能だと思われる。それでは、真如苑（しんにょえん）については、どのようなことが言えるだろうか。次にこの個別の事例について考えてみたい。

真如苑の特質――伊藤友司の貢献――

真如苑開祖、伊藤真乗（いとうしんじょう）教主は、妻である伊藤友司（ともじ）（苑主、摂受心院（しょうじゅしんいん））とともに、一九三六年に立教した。伊藤真乗教主、友司夫人ともに立教以前から宗教的な関心をもっていたことが伝えられるが、特に真乗が、会社勤めの傍ら、易占（えきせん）をもって人々の指導を行なっていたという点が注目される。宗教家として立つ前にすでに、ある種、超越的な知識、実践が他者と共有されていたといえよう。また伊藤夫妻が、その宗教活動の開始にあたって、特に社会的な動機を契機としていたことは、友司に伝えられたという根本霊言、「顕より密に入り、正しく修行し、世のため人のために正しく道を貫くべし」からも窺える。「世のため人のために」という指針がくだされ、しかもそれが今日の真如苑においてまで、つねに根本として意識されているということは、この教団の、本来的な社会性、あるいは社会的な使命を明確に示しているものと考えられる。

この根本霊言の方向づけに即し、立教後、真乗は真言宗の醍醐寺（だいごじ）と結縁し、密教の修行に邁進することになる。第二次世界大戦ののちには、戦後日本の環境の変化に応じて、独立教団として宗教活動を行なっていくが、その際、仏教の伝統とのつながりは、改めて深められることになる。それはすなわち、大乗仏典の『大般涅槃経』の意義を認識し、真乗みずから、その経典の読解と把握に努め、さらに教徒にも説示し始めたことに表われている。特に、一九五〇年の法難により壊滅的な打撃を受け、そののち、真如苑として教団を再建する際には、『大般涅槃経』は所依経典と定められ、真如苑の一つの特質となっていく。先に記した宗教の見方からすると、仏教教団としての真如苑の位置づけは、歴史的に継承されてきた伝統への接合を意味するものである。特に真乗が修行した醍醐寺の伝統法脈との縁を真如苑が保っていることは、仏教の歴史の末端に連なる教団としての自己意識の表われと考えられよう。

また真乗が、所依経典として『大般涅槃経』を選んだという点も興味深い。この経典の主たるモチーフは、仏陀の死去であり、特にその死ののちに弟子たちが歩むべき修道実践の指針が提示されている。一般に宗教教団の大きな課題の一つが、教祖の死であることはすでに述べた。真乗が、こうした認識を有していたかどうかはわからないが、『大般涅槃経』を教団の根幹に置いたことそれ自体に、宗教家としての彼の洞察の一つの特質が反映されているものと思われる。

なおここで付け加えておかなければならないのは、真如苑のもう一つの特徴である、霊的な能力、すなわち霊能のあり方である。冒頭で記したとおり、超越的な認識こそ、宗教にとって本質的な一つの要素である。真如苑は、神通霊妙という、科学でも哲学でも説明しえない特殊な現象が存在することを確信をもって唱え、それを接心（せっしん）修行と呼ばれる信者の日常的な修行の場で活現している。これは、超越性が組み込まれた宗教教団の、一つの鮮明な表われにほかならない。さらに言えば、友司が「霊祖」と位置づけられているように、真如苑では、霊的能力が、後継者たちに継承されてきている。真乗が伝統を受け継ぎ、友司とともに教団を樹立し、弟子たちを育成していくなかで、今度は、真如苑独自の霊的な伝統が確立し、受け渡されて今日に至っている。こうした見方からすると、伊藤教主の歿後、教団を継承した伊藤真聰（しんそう）が「継主（けいしゅ）」と名乗っていることも意味深長に思われよう。つまり真如苑は、歴史の試練に対峙し、歴史のなかにその存在を刻むことを教団の課題として取り組んできたし、さらにそれを今日、真聰継主の指導のもと、継続することを目指しているようにも見えるのである。

このような見方に立つと、真乗の一番弟子として真乗に付き従い、また真乗の伴侶としてともに歩み、支えてきた友司の「霊祖」としての意味もまた改めて浮かび上がってくる。真如苑が、社会のなか、歴史のなかに一つの位置を占めようとするときに、友司がその霊的能力を通して果たすことになったその貢献のあり方が、より鮮明に見えてくるようにも思われるのである。

さらに友司は、真乗らとともに一九六七（昭和四十二）年にヨーロッパとイスラエルを訪問したのちに他界し、「摂受」の礎になったと捉えられている。つまり、この歴訪による他宗教との交流によって――そして友司の死去を経て――、真如苑における教化と救済は、日本という誕生の地を越えて大きく波及していく道が開かれたということである。こうした理解からすると、友司の死は、真如苑が異文化との出会いという課題に対峙していく新たな局面への端緒になったといえよう。

今日、法号をもって、「摂受心院様」と呼ばれている伊藤友司が生前に果たした貢献とともに、真如苑という教団にとっての彼女の存在の意義を改めて想起することは、きわめて重要な契機となるものと考えられるのである。

母

——摂受の慈愛——

真如苑苑主　伊藤　真聰

1　法母の温(ぬく)もり

小さなころ
学校から　とんで帰り
いつも大きな声で
「おかあさんは?」と
呼びかけた

お台所から庭先まで　白いおかっぽう着の
母の姿が　みえるまで
さがしつづけた
学校のこと
友だちのこと

なにもかも　話しているときが
しあわせのときだった

…………


「母」と題したこの詩――摂受心院友司（一九一二～一九六七）の折々の法話や随筆を聚めた書籍『藤の花房』第二集に寄せ、私が母への感謝をこめて思い出を綴った冒頭部分です（一九七四年発表）。

「おかあさん！」と大きな声で呼びかけた――と記したように、幼い私は家（「真澄寺」という名の仏堂）に帰ると、いつも母の姿を探していました。

「こんなことがあったの。こう褒められたの」……等々、どんなささいなことでも母に聞いてほしいと思い、親子で語るひとときを何よりの楽しみとしていました。それほどに宗教家の母は多忙で、すべての時間を、お堂を訪ねるご信徒の相談事や、自身や弟子らの修行のために捧げていたのです。

また、私には一つ年下の妹がおり、何事も「お姉さんだから」と我慢するようにしていました。甘えたくともなかなか言い出せず、帰宅した束の間くらいは、私だけの母でいてくれたらいいな……という思いがありました。

　もっと小さかったころ、私もごくごくたまに母の膝に座ると、妹はどこにいてもすぐに気づいてとんでくるので、周りの人が「二人を片膝ずつ乗せてあげたらいかがですか」と奨めてくれました。けれども、姉としては妹の気持ちを思って、いつも「いいよ」と譲りました。

　たとえ少しの時間でも、大好きな母とふれあい、温かな懐に包まれた記憶――私にとって何ものにも代えがたい、心に深く残る宝物なのです。

　惟えば小学校の入学の日――、私は新しいモスグリーンのワンピースにブカブカの靴を履き、人から譲りうけた古いつぎはぎしたランドセルを背負い、緊張と期待をもって登校しました。体が弱く幼稚園や保育園に上がれなかった私は、その一年ほど前にも肺炎にかかり、毎日薬を飲み、ペニシリンの注射を打ちながら床に伏せっていましたが、周囲の看病や励ましで、入学のころはすっかり健康を取り戻していました。

　入学式後、各教室に分かれ、担当の先生からの「出席をとるので、名前を呼ばれたら、手を挙げて大きな声で返事を」との言葉に忠実にこたえなくてはと思い、「伊藤

「真砂子さーん」と呼ばれると、勢いよく手を伸ばし、「はーい‼」と、周りがびっくりするほど大きな声で返事しました。すると先生は目を丸くして「まあ、男の子のように元気なお子さんですね」と……。

帰り道、摂受心院は、「あなたがあまりに大きな声だったから、お母さんはちょっと恥ずかしかったわよ」と苦笑し、けれども素直な私を褒めてくれました。

そして、私の手を握って、自身の小学校入学の思い出を話してくれました。

摂受心院は、三歳で自らの父を亡くし、母も実家に戻り再婚、祖母は家業の店があり、たった一人で入学式に行かなければならなかったのです。

八ヶ岳の麓、高地の天気は変わりやすく、在学時には初日から学校に傘を置いておく決まりでした。当時の傘は、とても重い「番傘」。他の児童は家族と一緒なのに、摂受心院には助けてくれる人がいません。家から学校はとても遠く、小さな手でつかむ傘は「重くて、重くて、手がしびれるほどだった」と回想しながら、「親がいること、支えてくれる存在がいることはありがたいことなのよ」と諭してくれました。

桜の花咲くころになると、母である摂受心院と手をつないで歩いたあの入学の日が、心に蘇るのです。

母の手の温もり――その想い出をもう一つ……。後年、大学で宗教や社会習俗の源ともいえる儀礼の研究をしていた私が、指導教官の先生の勧めで農耕儀礼に関する卒業論文を書くために稲荷社やその縁起を調査していた折のこと。全国の寺社と縁の深い方が、どこでも案内してくれるということで、真如苑でも稲荷系統の鎮守を祀っていることもあり、父母も宗教融和のためにと、一緒に三大稲荷（伏見稲荷、豊川稲荷、最上稲荷）を巡ってくれました。

夜遅く、関西本部万代院（兵庫県芦屋市）への帰途、岡山から大阪まで電車で移動中、母は私と向かい合わせに腰かけ、父は通路を隔てた席に座っていました。電車が鉄橋をわたるとき、摂受心院が私の手をとり「お前は手が冷たいね……お父さんに似て、小さいときから冷え性だったから……かわいそうに」とそっと握ってくれました。

母の手は柔らかく、身体の奥までもあったまり……。

私だけでなく、慈しみの心と温もりを、母は自身が接するすべての人に渡していたと思います。

今、私が大祭や月々の法要の導師において、金剛鈴などの仏器を握るとき、一切万霊やあまねき命へ、父の「衆生救わでやまじ」の誓願と共に、母の慈しみ、温かさを伝えていきたいと、いつも念じているのです。

2　法母の訓え

先ほど、貧しいなかにも入学式は新しいワンピースを着せてもらった――と書きましたが、摂受心院は結婚前に和裁学校へ行っていたことがあり、裁縫も得意で、体の成長などで着られなくなった服をほどき、他の生地などを足し、つぎはぎして直すことがよくありました。今でいうリサイクルです。

「ものには生命がある」が口癖で、古い着物を合わせ、かいまきや大小の風呂敷にして活かし、荷物のひもをなるべく切らずに再利用、米のとぎ汁も無駄にせず、味噌汁のだしに使った煮干しは再び乾燥させ、すり鉢で挽いてご飯のふりかけにしました。みかんの皮を乾かして漂白剤をつくったり……。節約やアレンジ、再生を、主婦として積極的にとりくんでいました。

「何事も、相手の身になって、心を込めて行うこと」と、お漬物も何日の何時に漬けた、と記したメモを木綿の糸で結び、「この漬け物は今日が食べごろね」といちばん美味しいときに、食卓に出していました。

年中行事を大切にし、おひな祭りや、お盆、お彼岸、お月見などでは、お団子を家族で手作りしました。端午の節句には柏餅を用意するのですが、私もあんこを煮て、上新粉で皮を懸命にこしらえました。小学校にあがったばかりの慣れないうちは、餡を入れる餅を丸めて伸ばすと穴が開いてしまったり、いびつだったり、中味がはみ出てしまうこともありました。それでも母は「もっときれいに仕上げなさい」とは言わず、「できあがったわね。まあ、いろいろな形があって楽しいこと！」と。いちばん形のよいものはみ仏様にお上げし、次にご信徒や内弟子に穴の開いていないきれいなものを分け、私たち家族は子供たちのつくった見栄えの悪いものをいただきました。「他にはよきものを。己はカスを取れ」と、喜んで不出来なものを取る母でした。

摂受心院は、真如苑の苑主という立場でありながら、真澄寺にお参りや修行にくる人々に、いつでも「お帰りなさい」「ご苦労様」「すみません」と頭を下げていました。

手ぬぐいを被り、割烹着に絣のもんぺ姿で、玄関にあふれるほど置かれた下駄や靴を、雑巾を絞って一足一足拭いていき、みなが修行を終えて帰ると、お手洗いをピカピカに清掃していました。

台所でも、朝昼晩、食事やお茶のあとはすぐにきちんと洗って拭いて。身をもって範を示し、そこでの折々の言葉は、〝お勝手説法〟としてご信徒の心に刻まれていきました。

先日、小学生のころの日記帳を手にする機会があり、開けてみましたら、「家のお手伝いをしました」「畑の草取りをしてお母さんに褒められました」などと、クレヨン画つきで書いてありました。畑というのは、真澄寺の西の空き地（道場を建てるための予定地）で、食糧難の時代には、そこで陸稲やじゃがいもなどを作って、ご信徒やご近所に分けてさしあげていました。私や妹も麦踏みや、草取りをしました。

母は、「いつまでにどこそこまでしたら、みな揃ってお食事しましょう。その後、片付けと掃除をして、時間がとれたらお茶ね」という具合に、休憩も含めて、楽しくけじめをもって取り組めるように導いてくれました。頑張って草刈りや清掃をした後の食事やお茶は楽しく、美味しかったです。

私にとって夏休みはこうしたお手伝いや勉強と共に、法要や信徒の集いの合間をぬって〝接心〟という祈りの修行をする期間でした。

蟬の鳴き声が遠くに響くなか、真澄寺の不動明王の前で妹と、小さいなりに一生懸命──厳しい暑さで汗だくになり、とにかく無我夢中でした。ときには終わった後で、「アイスキャンデー、買っていらっしゃい」と、母が嬉しい言葉をかけてくれることもありました。


いつも言われたことは、他の人から世話になったときは、頭を下げて「ありがとうございました」と、きちんと声に出して感謝を伝えていく。隣近所の方に「おはようございます」「こんにちは」「こんばんは」の挨拶だけでなく、「お元気ですか」「今日は暑いですね／寒いですね」「いかがですか」と、さらに一言付け加えるのよ、と。

母は厳しいけれど、とても晴れやかで明るく、共に泣き、共に笑う人でした。親として、私たちが喜ぶことを同じように喜び、大変なことを乗り越えたときは褒めてくれました。反面、その場限りの、形だけ整えるようなあり方は一切通じず、「まだ学生だからいいだろう……」という妥協はありませんでした。だからこそ、教えてもらった一つひとつから、多くのことを気づかせていただきました。

小さなころから、「自分のことは自分で」と言われていました。暮れから新年にかけて机や本棚、タンスと、隅から隅まで徹底的に大掃除をし、お正月はなにか一つ、新しいものか仕立て直したものを身に着けるようにしていたため、針と糸で縫い物。そして、つつましくもおせち料理らしいものを心こめて用意しました。そのように、どこに行ってもお料理や裁縫などで困らないように育ててくれたことに感謝しています。

ただし、相談ごとや伺いたい用件が急に生じても、とにかく朝早くから遅くまで忙しくしていたので、「今、あそこにいらしたな」と思ってそこに行っても、もういない……。一カ所に留まっていることはほとんどなく、まずご宝前、事務局、編集室、お勝手と次から次へと気を配り、小走りで用をこなしていました。本当に、朝はいつ起きて、夜はいつ休んでいたのか、わからないくらい。寸暇を惜しみ、じっとしていられないところは、私も似ているといわれますが……。

そして、読経の声の美しかったこと。母の音調を聴く人はみな、胸がいっぱいになり、自然に涙がこぼれていました。

お正月やお盆は、夕べの寛いだいっときに、父も母も歌をうたってくれました。少女時代、学校代表でコーラスの独唱を担当していた母にとって、歌は両親がいない辛さや悲しさを乗り切り、前を向く力となっていたと思います。それが人々の胸を打つ、母なりの声明、慈救ご霊咒の美しいお誦えとなったのでした。

3　法母の遷化

「母」の詩の後半は、遷化――すなわち母との今生での別離にふれています。

　あの夏の日も
修行を了えて　二階にかけあがり

いつものように大きな声で
「おかあさん！」と
呼びかけた

夕日は障子を通し　部屋まで赤くてらし
母は　ひとりしずかに
ねむりつづけていた
やわらかな手
あたたかな微笑
なんど呼んでも　永いねむりの中で
なにも答えてくれなかった

…………………

惟えば、父も母も、暑い盛りに遷化しました。哀しい思い出ですが、父は総本部慧燈院、母は関西本部万代院という、真如苑にとって大切な東西の場所で、私がお二人の最期につきそい、まみえたことは、同じく宗教家の道を歩むことを託された使命を覚る、尊い経験でした。

昭和四十二年六月、真乗と摂受心院は、欧州中東各国で慰霊・対話・協調の「摂受融和の旅」に発ちました。これは、自分の命に代えてでも果たすべき、という母の強い覚悟にもとづくものでした。

帰国後、疲労が目立った母は、七月八日に倒れ、十六日、送り盆の後にも不調になりました。しかし気丈に心配かけまいと、「お母さん、転んでしまったのよ」と……。

そうしたこともあり、父は八月の関西巡教に母を連れていくべきか、迷っていました。けれども摂受心院は、「関西の人が待っているから」と、立教の折の「どんな困難があろうと、(真乗と)共にやりぬいてまいります」という決意を最後まで貫いたのでした。

母が「教主と私はいつも一緒です」と言えば、父もまた「置いてはいけない」……宗教的な深い絆でした。

また、私が「お母さん、関西には私、付いていくから」と伝えますと、「真砂子が……それはよかった、ありがとう」と、安心してくれた表情も、忘れることはできません。

関西へ出発する前日、母は私たち姉妹を部屋に呼び、「伝えておきたいことがある」と小さな手提げ金庫から通帳や証文類を出して、こまごまと引き渡されました。翌八月一日、母は一度乗った車から降り、「忘れ物をしたので」と部屋に戻り、それからまた車と部屋とを何回か往復しました。丁寧に自分の身の回りを整え、「後のことは頼みます」と念を押し、履き慣れた靴に換えて、当時工事中だった発祥精舎建設の進捗を確かめるように見ながら、立川の親苑を後にしました。今生の名残りを惜しむかのように……。

夕方に新大阪に着くと、車の前方シートに手をおき、迎えの事務局員に対し「暑いのにご苦労様。私のことは心配しないで」と。駅の階段も一人で昇降し、万代院では父や皆の食事を私や女性局員と共に作りました。

母は二日の読経、三日の修行ではまとめの法話をし、自身の苦労は何一つふれずに、かつての父の厳行を語っていました。

この後、「立川に帰りたい」とふと漏らしたので父に伝えると、「明日の廻向法要が終わり次第、私がお母さんをおぶってでも連れて帰ろう」とのことでした。

しかし四日の朝、母はまた不調になり、自分は関西に留まるから、父が一人で立川に帰り、八日の法要をしてから再び戻ってきてくれれば……、ということになりました。

動こうとするのを無理に休んでもらい、私がタオルで汗を拭う間も、母は深く祈っていました。この廻向法要での法話で、父はローマ教皇、パウロ六世と握手した写真をご信徒に見せ、「諸宗教との融和」のお話をしていました。

六日も、母は床についたままでなく、「おいしい」と昼食をとっていました。午前の智流学院（日曜学校のような教師育成機関）から午後の一如祈念と慌ただしいなか、母は「お母さんは大丈夫」と。父には「みなさんはお父さんの話を待っているのですから、行ってあげてください」と、初信者懇談会へと送り、私は側についていようと強く望みましたが、「早くみなさんの接心をしていらっしゃい。今日は接心の方が大勢だから」と促すのでした。

接心は長くかかり、終わってすぐ二階に上がると（あ、寝ていらっしゃる……でも、様子が……！）、「お母さん」と何度呼びかけても、母は瞑目したまま……階段を駆け降りて、応接間で来客と対応中の父に「お母さんが——」。父は私の顔を見るなり即座に母のもとへ。脈を確かめると人工呼吸をし、医師を呼ぶよう託されました。折悪しく日曜日で手間取り、父と私が見守るなか、午後五時十分、母は静かに旅立ったのでした。

真如苑の所依の経典である大般涅槃経の、「先に他人の為にし、後、身の為にす」との聖句をまさに体現していました。

布教先の関西で、最期のいっときまで、ご信徒のため、他のために、自らのすべてを衆生済度に捧げ尽くした母——、名を呼べば今にも答えてくれそうな柔和な微笑みに、黄昏の光が美しく射していました。

摂受心院の生涯は、人間的にみれば、苦しみや悲しみの連続だったかもしれません。でも今、常住の母に問えば、きっと「いいえ、私は幸せです」と答えるでしょう。

摂受心院にとって喜びとは、ご信徒をはじめ、世の人々がみな〝他のために生きる〟大乗利他の心になっていくことでした。

――苦労があればこそ、人の心は磨かれます。人生は、ときに容易には避けられない困難や悲しみにぶつかることもあるでしょう。しかし、越えられない山はありません。なすべきことを行うところ、道は開かれます。目に見えない仏の智慧を体し、その慈悲を伝えていくことができるのです――これが、摂受心院が自らの信念をもって教えてくれたことです。

幼いころから、人が出会うありとあらゆる試練を乗り越えるたび、摂受心院は強く、優しくなりました。一切衆生済度への惜しみない〝智慧と慈悲〟、その〝母なる強さ〟。どこまでも温かく他を受け入れ、導く法母として、宗教家の師でもあった真如教主、真乗を支えていったのです。

私は摂受心院から、よく「お前は優しいね」と言われました。そして私は、その言葉が真実になるように、努力しました。小学一年のときはあんなに快活だった私も、法難という試練もあり、長ずるにつれて引っ込み思案のおとなしい子になっていました。そんな私を学校の先生が心配したこともあり、母は私に、「これからの時代はもっと積極的になることよ」と、どのような苦難も耐え、責任をもって前に進んでいけるよう、心を鍛えてくれました。

つねに率先して利他行の範を示し、〝人を導く人〟を育てた母の相や言葉を心に刻み、重い口を開いて、言うがごとくに実践をつづけました。

人前が苦手——を克服、勇気を出して自らの体験談や信念を話すようにし、青年の活動ではさまざまな企画を立て、どうすべきか議論を進め、ときに土台となって支え、ときにリーダーシップをとっていく、私の試行錯誤を父母は応援してくれました。何年もかけて、私は自分を変えていくことができたように思います。

母は、誰も気付かない地道な努力を見落としませんでした。人の目にふれない土台の取り組みを尊び、父と一緒に、どんな小さなことも褒めてくれるのです。訪れる人のちょっとした様子や表情の変化から、「どうしたの?」と優しく声をかけました。そして、すべての人に平等でした。

常に微笑をたやさず、身近な方々に尽くす——融和世界顕現の鍵は、皆一人ひとりの心にある――と。

最後に、私がメモしている母の言葉を紹介し、この文の締め括りとさせていただきます。

◎米一粒、水一滴も軽んずることのないように。
◎大地の恵みによって、私どもは生かされ、充たされて、生活しています。私どもは万物の霊長などといって、得々としていますが、果たしてそれだけの面を、感謝をもって生かしているでしょうか。
◎稲穂は稔るほど、頭を垂れる。
◎感謝は悟りを得るはじめ。
◎通ってこそ、道である。行っただけ、歩んだだけ、道は開かれていく。
◎やるのなら、中途半端でなく、一生懸命やりなさい。
◎石の上にも三年。その三年を何回でも積み重ねるのですよ。
◎塵とは心の塵。いつも清浄に。

◎信心とは、工夫をすること。できないなりに工夫をして、道を見出していく。

◎自分だけの幸せでなく、周りの幸せを考えて。それが真の幸せにつながる。

◎利己ではなく、つねに他とともに歩むこと。

◎みなさんの、この体は、仏を宿す身。

◎おかえりなさい。よくいらっしゃいました。

◎為せば成る。

◎優しく、強く。

光が寄り集うように——文庫版あとがきにかえて

城戸朱理

チベットの入口にあたる中国青海省に行ったとき、省都・西寧郊外のクンブム・チャムバリーン寺を訪ねたことがある。

中国では塔爾寺（とうじじ）と呼ばれるが、ダライ・ラマも属するチベット仏教最大の宗派、ゲルク派の開祖ツォンカパの生誕の地である。

ツォンカパは、日本ならば弘法大師・空海に比すべきチベット仏教最大の学僧だが、私は塔爾寺を拝観したとき、それまで見たこともない尊格を含む多仏の世界に圧倒されたものだった。

チベット仏教も真言宗や天台宗と同じく、釈尊入滅後、およそ千年を経て、大乗仏教の最後に現れた密教を基盤として生成したが、日本では見たこともない異形の仏像を仰ぎ見ながら、私は、仏教というものが、釈尊から始まって、インドからチベットへ、あるいは中国、そして日本に伝播していく過程で、国なり、土地なりの信仰や習俗と習合して発展してきたことを改めて思った。

チベット仏教のなかで育った人が、日本の寺院を訪れることがあれば、同じような感想を抱くのかも知れない。だが、多仏の存在は、仏教が多神教であることを示すものではないことに注意しよう。パーリ語の経典『ミリンダ王の問い』は、紀元前二世紀にアフガニスタン・インド北部を支配したギリシア人、インド・グリーク朝の王メナンドロス一世（ミリンダ王）とナーガセーナ長老の思弁的な対話から成る仏典だが、ギリシアとインド、西洋と東洋の出会いという点で興味が尽きないものがある。

そこに「あらゆる仏はひとつだ」という言葉が現れることも重要だろう。

釈尊の悟りとその内実は変化することがない。しかし、釈尊の教えを新たに聞き直すとき、必要に応じて、新たな仏が生まれていく。それは、時代や国によって、異なる仏となっていく。釈尊の悟りとは、「生老病死」という四苦、つまりは、なぜ人間は思い通りにいかないのかという問いから始まり、その原因を諸存在と諸事象の関係性、すなわち縁起として解き明かすものだが、では、どうしたら四苦から逃れることができるのか。要諦は、そのあとの実践にある。それが八正道と呼ばれる、生きるうえでの規範なわけだが、その意味では、仏教とは思索と実践を一体のものとしてとらえる宗門なのだと言えるだろう。

そして、その実践は時代に応じて変化するものであり、自らが生きる時代に即して、新たな仏教的実践をした修行者が、祖師と呼ばれることになるのではないだろうか。ツォンカパも空海も、あるいは法然や親鸞、道元や日蓮といった一宗の開祖は、いずれもそうした祖師であり、それぞれの仏道の実践という点において、仏にほかならない。

サンスクリットの「ブッダ」とは「目覚めたもの」を意味する一般名詞だが、釈尊の教えとは、誰もが「目覚めたもの」になりうるし、そのために何をすべきかというものだった。真理である仏法は不変だが、仏は時代に応じて生まれていく。それが本来の仏教なのだろう。

伊藤真乗師は、真言宗醍醐派総本山、京都の醍醐寺で得度して修行を重ね、空海以来、脈々と受け継がれてきた真言密教の奥義、伝法灌頂（でんぽうかんじょう）を受けて阿闍梨（あじゃり）となってから、在家の教団として真如苑を開創した。彼もまた祖師だったことになる。

真言宗において、その奥義は師から弟子へと一対一で伝えられていく。阿闍梨とはその師であり、後に真澄寺と改称される真乗の寺院は、最初は真言宗醍醐派の寺院であった。

伊藤真乗生誕百年に企画された『真乗』は、客観的にその姿をとらえるため、真如苑の信者ではない部外者による刊行委員会によって編まれたが、私もその一員として、思いがけず真乗師の評伝を担当することになった。

そのとき、私は、なぜ真乗師が真言宗から独立し、小寺に依って新たに真如苑を開いたのかを考えたのだが、そこには真乗の妻、摂受心院・友司師の存在があったからだと思う。

摂受心院・友司師は、本尊と深く感応し、卓越した宗教的能力で真乗を支えたが、真乗の祖山、醍醐寺から、女性としては初めて大僧正位を贈られた。これは千年を超える醍醐寺の歴史でも初めてのこととなったが、その生誕百年に刊行されたのが本書である。

『真乗』のときと同じく教団部外者による刊行委員会が組織され、私が評伝を担当することになったが、今、思い返すと、執筆は難航した。まず、摂受心院・友司その人による自筆の資料は一点も残されておらず、生涯を通覧できるような著述もない。真乗師の著作を頼りに、さまざまな証言の断片を繋ぎ合わせるようにして執筆していったのだが、遅々として進まず、鈍い胃痛に見舞われ、薬で抑えて原稿用紙に向かう日が続いた。

長時間の執筆のため身体がこわばり、整体に通って、体調を整えながら書き進めたのだが、ひと月を超えたあたりで、いきなり筆が進むようになり、最後の四万字、四百字詰め原稿用紙百枚は三日ほどで書き上げることができた。それは、私のなかで、見失ったジグソーパズルのピースが見つかったような思いだったが、そのきっかけとなったのが、本書の「Ⅶ　時は今」で紹介した、カリフォルニア州政府主催の全米女性会議における伊藤真聰師の基調講演だった。

真乗遷化後、真乗の遺志によって真如苑苑主、真澄寺主座として法燈を掲げることになったのが、真乗と友司の三女である伊藤真聰師だが、その講演では母であるとともに師でもあった摂受心院・友司の生き方と思想が、簡潔でありながら明晰に語られており、私が語ることなど何もないのではないかと思えるほどだった。とりわけ、

「すべて越えられる苦難である。時は今――。」という摂受心院・友司の言葉は、宗教家として、また人間としての伊藤友司の生き方を明らかにするものではないだろうか。

伊藤真聰師は、長年にわたって、南北戦争以来の戦没者を追悼するアメリカの祝日、メモリアルデーに、ハワイのオアフ島で灯籠流しを挙行している。メモリアルデーは五月の最終月曜日。場所は世界最大級の商業施設であるアラモアナ・センターを控えたアラモアナ・ビーチ。

今年、二十周年を迎えた「ランタン・フローティング・ハワイ」は、今や、ホノルル市民を中心に五万人もの人が集うハワイの風物詩となっている。朝からテントを張ってバーベキューをしながら日暮れを待つ家族が目につくが、一方で、家族や恋人、友人、亡くなった誰かに寄せるメッセージを書いた灯籠を流す人たちは、厳粛な面持ちでセレモニーに臨んでいる。

今年の灯籠流しに、私も参加させてもらったのだが、人種も宗教も超えて五万もの人たちが、「メニーリバーズ・ワンオーシャン」という真聰師の言葉のもと、死者への思いをランタンの灯りに託す様子は素晴らしかった。

セレモニーは誰が見ても楽しめるようになっており、勇壮な真如太鼓から始まって、ハワイの神事である祈りの朗唱、チャントやカヒコ（古典フラ）を交えて、展開される。

今年は、女性シンガー、マイラ・ギブソンが、ホ・オケナをバックに祈りの力をテーマにした歌を歌い、カウェヒオナラニ・ゴトウのチャント、ハラウ・フラ・カ・ノアウのメンバーによるハワイの伝統太鼓パフの演奏とチャントと、ハワイならではの祈りのセレモニーが繰り広げられた。

ハワイの「フラ」とは、ダンスのみならず、踊りとともに行われる演奏や朗唱、歌唱のすべてをいう言葉であり、本来は神や王に捧げられるものだった。その意味では、伝統太鼓の演奏とチャントも「フラ」になる。

それから伊藤真聰師を導師として法要が営まれ、灯籠流しが始まるのだが、今回はデービッド・イゲ・ハワイ州知事、ロイ・アメミヤ・ホノルル副市長ら、ハワイの要人、四人がステージに上がり、真聰師とともに灯籠に火を灯した。

暮れなずむアラモアナ・ビーチに七千もの灯籠の灯りが流れ、やがて光の帯になっていく。その様子は幻想的なまでに美しい。

「摂受」とは、分け隔てせず、いっさいを受け入れていくことを意味している。仏教では、衆生の善なる心を受け入れ、収めとって導いていくことを意味するが、摂受心院・友司師は、まさにそうした道を歩まれたのだろうし、それは真聰師の融和の精神に受け継がれたのだろう。アラモアナ・ビーチに広がっていく光は、その精神を目に見える形で表すものなのかも知れない。

摂受と融和の精神は、仏教の慈悲の思想と呼び合うものでもある。摂受心院・友司師の口癖は、「言うがごとく行い、行うがごとく言う」というものだったという。密教においては、理論（教相）と実際の修行である実践（事相）は一体のものと考えられている。友司師の口癖は、そのことを言うものと解釈することができるし、彼女自身がそうした道を生きた人であったことが、多くの人の証言からうかがうことができる。

仏とその教えは常住、すなわち変わることなく在り続ける。真聰師は「南無真如」という常住讃を新たに加えられたが、真如とは真理であるダルマ（仏法）が如実に現われた世界を意味している。真聰師にとって真如とは、真乗師と友司師、そして早逝した二人の兄が住まう所でもあるのだろう。

今回、伊藤真聰師の御寄稿を受け、装幀家・芦澤泰偉さんの手で新たな装いを得て、本書は文庫化されたが、混迷を深める現代に本書が光を投げかけることを期待したい。

1966 （昭和41） 54歳	３月、醍醐寺より真乗に大僧正位、友司に権大僧正位が贈補される。 ７月、タイの名刹ワット・パクナムより、「真如苑」に仏舎利が贈られる。 11月、タイで開かれた第８回世界仏教徒会議に、真乗に伴い、高階瓏仙・全日本仏教会会長らとともに日本代表として出席。会議出席後、真乗とともにインドを訪問。	５月、中国で文化大革命が始まる。 ６月、ザ・ビートルズが来日。 12月、衆議院が汚職疑惑で「黒い霧」解散。 この年、いざなぎ景気始まる。
1967 （昭和42） 55歳	６月、「欧州宗教交流国際親善使節団」の副団長として、欧州７カ国とイスラエルを歴訪。団長である真乗のコペンハーゲン大学での講演や、バチカンで教皇パウロ６世との会見を支える。７月に帰国。 ８月６日、関西本部で布教中に急逝、享年55。 同月、醍醐寺より大僧正位が追贈される。	３月、高見山が外国人初の関取に。 ４月、東京都知事に美濃部亮吉当選。 10月、ツイッギー来日でミニスカート大流行。

1956 （昭和31） 44歳	11月、真乗が『大般涅槃経』の一説に触れたことをきっかけに、新しい道場の本尊となる涅槃尊像（１丈６尺）を、自ら制作しようと決心する。 12月、大涅槃尊像の原型（５分の１）が完成。	10月、日ソ国交回復。 12月、日本の国際連合加盟承認。
1957 （昭和32） 45歳	１月、真乗が大涅槃尊像の制作に着手。 ３月、大涅槃尊像が完成。 ４月４日、母もとよ死去。 11月、大涅槃尊像の入仏開眼法要が行われる。	８月、茨城県東海村で原子炉、臨界点に到達。 10月、5000円札発行。 同月、ソ連が世界初の人工衛星打ち上げに成功。 この年、後半からなべ底不況。
1963 （昭和38） 51歳	６月、真乗とともに関西本部設定の候補地を検分。 ８月、山梨県から紺綬褒章を受ける。 11月、万代荘が関西本部となる。	３月、吉展ちゃん誘拐事件発生。 11月、ケネディ米大統領暗殺。
1964 （昭和39） 52歳	５月、関西本部にて本尊入仏開眼法要が行われる。	４月、海外旅行が自由化。 10月、東海道新幹線東京～新大阪間開業。 同月、東京オリンピック開催。

1950 （昭和25） 38歳	1月、まこと三昧耶加行に入壇。 5月、まこと三昧耶加行法畢。真乗より法名「真如」を賜る。 8月、元弟子から、1年前に開かれた懺悔のための場で暴力があったとする訴えがあり、責任者として真乗が勾留される。	6月、朝鮮戦争勃発、特需景気へ。 7月、共産主義排除（レッドパージ）始まる。 12月、池田勇人蔵相「貧乏人は麦を食え」発言。
1951 （昭和26） 39歳	5月、「まこと教団」を「真如苑」と改め、友司は苑主に就任。再出発を図る。これを機に真乗は教主と呼ばれるようになる。	9月、サンフランシスコ講和条約・日米安全保障条約調印。
1952 （昭和27） 40歳	7月、「真如苑」認証に関する書類が文部省（現・文部科学省）に受理される。 同月、次男・友一が1年間の闘病生活ののち死去、享年15。	4月、日航機もく星号が三原山に激突し墜落。 同月、NHKラジオ「君の名は」放送開始。 同月、GHQ廃止。 この年、美空ひばり「リンゴ追分」が大ヒット。
1953 （昭和28） 41歳	5月、「真如苑」が宗教法人の認証を受ける。	2月、NHKテレビが東京で放送開始。 3月、吉田茂首相「バカヤロー」発言で衆議院解散へ。 7月、朝鮮戦争休戦協定調印。 12月、水俣で原因不明の脳障害患者が発生。

1943 （昭和18） 31歳	３月、真乗が醍醐寺にて、金胎両部の伝法灌頂を修め阿闍梨となる。 10月、四女・志づ子が生まれる。	２月、日本軍がガダルカナル島撤退。 ５月、アッツ島の日本軍が全滅。 12月、戦局悪化で学徒出陣始まる。
1945 （昭和20） 33歳	４月、子と共に山梨の郷里に疎開。真乗は立川で終戦を迎える。 ９月、伯母の油井玉恵が死去（享年65）。	３月、東京大空襲。 ８月、広島と長崎に原子爆弾が投下される。 同月、ポツダム宣言受諾、第二次世界大戦終結。 10月、幣原内閣により婦人参政権が閣議決定。
1946 （昭和21） 34歳	２月、「立川不動尊教会」が真言宗醍醐派から独立。 11月、まこと基礎行（のちの接心）を執行。	１月、天皇が神格化否定。 ５月、極東国際軍事裁判（東京裁判）始まる。 11月、日本国憲法公布。
1948 （昭和23） 36歳	１月、「まこと教団」が設立。「立川不動尊教会」を「真澄寺」と名称変更し、新たに出発する。 ４月、智流学院の前身・智泉寮が開講。	１月、帝国銀行で毒殺・強奪事件（帝銀事件）が起きる。 同月、マハトマ・ガンジー暗殺。 ６月、太宰治が入水自殺。 11月、東条英機ら戦犯25人に有罪判決。

1937 (昭和12) 25歳	４月、次男・友一が生まれる。 ６月、醍醐寺より、分教会の設立許可を得る。 ９月、立川、航空神社境内にて「火生三昧」が行われる。	７月、盧溝橋で日中両軍が衝突、日中戦争へ。 12月、南京事件。
1938 (昭和13) 26歳	６月、真澄寺地鎮祭。 10月、東京府立川町中之原に、真言宗醍醐寺の末寺として「立川不動尊教会」を設立。 12月、夫・天晴が醍醐寺の佐伯恵眼大僧正より、房号「真乗」と院号「金剛院」を賜る。	４月、国家総動員法公布。 10月、日本軍が武漢三鎮を占領。 この頃から、商工省（現・経済産業省）の製造販売制限で生活用品が不足。
1939 (昭和14) 27歳	２月、立川不動尊教会落慶法要が行われる。 10月、夫・天晴が醍醐寺にて恵印灌頂を修める。	４月、宗教団体法公布。 ５月、満州国軍とモンゴル軍がノモンハンで衝突。 ８月、独ソ不可侵条約。 ９月、第二次世界大戦勃発。
1940 (昭和15) 28歳	７月、次女・孜子が誕生。	９月、日独伊三国同盟調印。 10月、大政翼賛会発足。 11月、カーキ色の国民服制定。
1942 (昭和17) 30歳	４月、夫・天晴が真乗と名前を改める。 同月、三女・真砂子が生まれる。	２月、日本軍がイギリス領シンガポールを占領。 ６月、ミッドウェー海戦で日本軍が大敗北。

1934 （昭和９） 22歳	７月、長男・智文が誕生。	３月、満州国に帝政がしかれ溥儀が皇帝に。 ６月、東郷平八郎元帥死去で初の国葬。 ９月、室戸台風で四国・近畿地方に大被害。
1935 （昭和10） 23歳	12月、運慶作と伝承されてきた不動明王像を迎える。夫・文明はこれを機に法名・天晴を名乗る。 友司、祈念のうちに本尊を感応。入我我入を初めて見せる。	９月、第１回芥川賞に石川達三『蒼氓』、直木賞に川口松太郎『鶴八鶴次郎』。 12月、大本教の出口王仁三郎が不敬罪などで逮捕。 この年、結核が死因の第１位に。
1936 （昭和11） 24歳	１月、夫・天晴とともに寒30日の修行に入る。 ２月、祖母・内田きん、伯母・油井玉恵からつづく宗教能力を継承する。夫・天晴とともに宗教専従の道に入る。 ３月、不動明王を本尊とする宗教結社「立照講」を結成。 ６月、長男・智文が病のため、１歳10カ月で死去。不動明王慈救咒の真言の新たな音調が友司の口唱に遺る。高尾山の蛇滝で初の滝行が行われる。	２月、プロ野球がスタート。 同月、2·26事件が起き、東京市に戒厳令。 ８月、ベルリン・オリンピックで日本が金メダル６個獲得。 11月、帝国議会新議事堂（現・国会議事堂）竣工。

1925 （大正14） 13歳	３月、長沢尋常小学校を卒業。 ４月、安都高等小学校に入学。 11月、母・もとよ、大芝寿之と再婚。	１月、大衆娯楽誌『キング』創刊。 ４月、治安維持法公布。 ５月、普通選挙法公布、男子普通選挙が実現。 ９月、東京６大学野球リーグ戦開始。 11月、東京の山手線が環状運転を開始。
1927 （昭和２） 15歳	３月、安都高等小学校を卒業。	３月、金融恐慌。 ４月、兵役法公布。 ７月、「岩波文庫」刊行開始。 同月、芥川龍之介が自殺。
1930 （昭和５） 18歳	９月、祖母・内田きんが死去（享年72）。 12月、兄・豊雄が結婚。	１月、金輸出解禁。 ４月、紙芝居に「黄金バット」登場。 この年、世界恐慌が日本に波及し失業者が増加。
1931 （昭和６） 19歳	１月、甲府の和裁学校に入学。	８月、東京飛行場（後の東京国際空港）開港。 ９月、満州事変勃発。
1932 （昭和７） 20歳	４月、伊藤文明（1906年生まれ）と結婚。東京府立川町（現・東京都立川市）に移住。	１月、第一次上海事変。 ３月、満州国建国宣言。 ５月、犬養毅首相暗殺（5・15事件）。
1933 （昭和８） 21歳	５月、長女・映子が誕生。	３月、日本が国際連盟を脱退。 12月、皇太子明仁親王誕生。

伊藤友司（摂受心院） 略年譜

年	苑　史	社会事象
1912 （明治45・大正元）	５月９日、内田義平・もとよ夫妻の長女として、山梨県北巨摩郡安都玉村東井出（現・北杜市高根町）に誕生。友司と名づけられる。	７月、明治天皇崩御、大正と改元。 ９月、乃木希典大将殉死。
1914 （大正３） ２歳	８月20日、妹・正司が生まれる。	４月、宝塚少女歌劇第１回公演。
1915 （大正４） ３歳	12月、父・義平が死去（享年32）。	11月、芥川龍之介が代表作「羅生門」を発表。 この年から、アインシュタインの「一般相対性理論」が発表される。
1919 （大正８） ７歳	１月頃、母・もとよと生別。 ４月、地元の長沢尋常小学校に入学。 ７月、重いハシカにかかり１カ月以上休学。	６月、ヴェルサイユ条約調印により第一次世界大戦終結。
1922 （大正11） 10歳	１月、妹・正司が死去（享年７）。	11月、アインシュタイン来日。 12月、ソヴィエト社会主義共和国連邦成立。

「摂受心院」刊行会

奥山倫明（南山大学教授）
仲田順和（総本山醍醐寺第百三世座主）
城戸朱理（詩人）
長塚充男（真如苑教務長）

『摂受心院』二〇一二年八月、中央公論新社
伊藤真聰「母――摂受の慈愛――」は書き下ろしです

中公文庫

摂受心院
——その人の心に生きる

2018年7月25日　初版発行

編　者　「摂受心院」刊行会

著　者　奥山 倫明／仲田 順和
　　　　城戸 朱理／伊藤 真聰

発行者　松田 陽三

発行所　中央公論新社
〒100-8152　東京都千代田区大手町1-7-1
電話　販売 03-5299-1730　編集 03-5299-1890
URL http://www.chuko.co.jp/

印　刷　三晃印刷
製　本　小泉製本

Published by CHUOKORON-SHINSHA, INC.
Printed in Japan　ISBN978-4-12-206612-0 C1115